金港镇志

LOCAL RECORDS OF JINGANG

江苏省张家港市金港镇志编纂委员会　编

图书在版编目（CIP）数据

金港镇志 / 江苏省张家港市金港镇志编纂委员会编
.-- 北京：方志出版社，2018.11
（中国名镇志丛书）
ISBN 978-7-5144-3381-4

Ⅰ. ①金… Ⅱ. ①江… Ⅲ. ①乡镇—地方志—张家港
Ⅳ. ① K295.35

中国版本图书馆 CIP 数据核字（2018）第 251153 号

· 中国名镇志丛书 ·

金港镇志

编　　者：江苏省张家港市金港镇志编纂委员会
责任编辑：董　琳

出 版 人：冀祥德
出 版 者：方志出版社
地址　北京市朝阳区潘家园东里 9 号（国家方志馆 4 层）
邮编　100021
网址　http://www.fzph.org
发　　行：方志出版社图书经销中心
电话　（010）67110500
经　　销：各地新华书店
排　　版：北京纺印图文设计制作有限公司
印　　刷：北京中科印刷有限公司

开　　本：787 × 1092　1/16
印　　张：17.5
字　　数：319 千字
版　　次：2018 年 11 月第 1 版　2018 年 11 月第 1 次印刷

ISBN 978-7-5144-3381-4　　定价：145.00 元

序一

习近平总书记指出："不忘历史才能开辟未来，善于继承才能善于创新……只有坚持从历史走向未来，从延续民族文化血脉中开拓前进，我们才能做好今天的事业。"中国优秀传统文化是在漫长的历史长河中历经无数次涤荡和沉淀而形成的思想精髓，蕴藏着无穷的宝藏和无尽的力量。发掘和继承优秀传统文化，是延续中华文明"根"与"魂"的必由之路。与时俱进，推动传统文化不断开拓创新，是中华文明常葆勃勃生机的重要保证。

"国有史，邑有志。"编修地方志是中国特有的文化现象，是中华民族的优秀文化传统。数千年来，连绵不断的志书编修为保护中华民族根脉，传承中华文明发挥了不可替代的作用。中国现存古志有8000余种，占现存古籍的十分之一。中华人民共和国成立以来，编修完成数万种省、市、县三级综合性行政区域志、部门志、行业志、专志等，编纂数万种地方综合年鉴、行业年鉴和专门年鉴等，整理出版数千种历代方志及相关研究成果，发表相当数量的方志理论与年鉴理论研究成果。这既是对我国国情、地情持续开展的大规模普遍调查，也是对各地自然与社会发展状况进行的综合研究，其成果构成了一座丰富的文化资源宝藏，为各级领导科学决策提供了重要参考，为推动经济社会发展和文化建设发挥了重要作用。

当前，中国特色社会主义进入新时代，全国地方志事业也进入新时代。如今的地方志事业围绕党和国家利益、经济社会发展，以人民为中心开拓创新，志、鉴、馆、史"四驾马车"并驾齐驱，志、鉴、馆、网、库、用、会、刊、研、史"十业并举"，加快实现在全国范围内全面推进地方志从一项工作向一项事业转型升级。在党中央、国务院的亲切关怀和各级地方志工作者的共同努力下，一批紧密结合社会发展需求、具有独特创造性的工作逐步开展，涵盖中国名镇志、中国名村志、中国名山志、中国名水志、中国名街志等"名志"系列文化工程是其中代表。作为首个"名志"系列文化工程的中国名镇志文化工程，启动于2015年，至今已是第三个年头。中国名镇志丛书在记述主体上，选择中国历史文化名镇、经济强镇、特色镇等在全国具有影响力和代表性的乡镇，旨在全面展示中国名镇的文化精髓；在内容题材选择上，重在突出不同名镇的“名”和“特”，力求集中体现不同名镇最精彩的部分，增强可读性；在志书编纂程序设置方面，志书申报、篇目设计、专家审读、专家组验收等流程环环相扣，紧密结合，力争把每一部志书都打造成精品佳志。

习近平总书记指出：“历史和现实都表明，一个抛弃了或者背叛了自己历史文化的民族，不仅不可能发展起来，而且很可能上演一场历史悲剧。”2018 年是改革开放 40 周年，40 年来中华大地发生了翻天覆地的变化，乡镇发生了极为深刻的改变，从粗茶淡饭到有机食品，从粗布衣裙到精美时装，从土屋平房到高楼大厦，人民生活水平大大提高，城乡差距不断缩小。然而，在感受辉煌成就的同时，我们也应该看到，许多精巧的古建、精湛的工艺、亲切的乡音、独特的乡俗也在快节奏的发展中与我们渐行渐远，曾经的家乡正逐渐变为记忆中的故园。

党的十九大报告提出乡村振兴战略，此后党中央、国务院又推出一系列重大举措。实施乡村振兴战略，必须全面加强乡村文化建设，培养乡村文化自信，培植文化之“根”，铸牢文化之“魂”。没有乡村文化的高度自信，没有乡村文化的繁荣发展，就难以实现乡村振兴的伟大使命。振兴乡村文化，既要塑形，更要铸魂，必须遵循乡村发展的客观规律，在发展中把文化的精髓保留下来，把乡土味道、乡村风貌的“魂”传承下去。在保留优秀乡村文化内核的基础上，用现代表现方式，把反映时代精神、先进理念的内容通过群众喜闻乐见的文化产品表达出来，才能够让乡土文化具有更强大的生命力。用创新性的模式书写乡镇志，传承和抢救乡土历史文化，激发爱国爱乡情怀，为探索中国特色新型城镇化发展经验、发展模式、发展道路提供历史智慧和现实借鉴，正是实施中国名镇志文化工程的目的和意义所在。

“月是故乡明”。中国人素有“家国情怀”，家乡的山水是最为美丽的，家乡的风俗是充满温暖的，一声亲切的乡音，一口熟悉的家乡菜，都能拨动游子的心弦，让其魂牵梦萦。中国名镇志丛书是一套全面梳理中国名镇历史人文，挖掘文化特色，突出“名”和“特”的镇志。它能让人民群众深刻感受到本土本乡自然的优美、历史的醇厚、人物的杰出、艺文的风雅等，有助于培养人民群众对家乡文化的自信，激发起人民群众浓烈的爱乡爱国情怀，助力国家新型城镇化建设和乡村振兴战略的实施。

是为序。

中国社会科学院院长
中国地方志指导小组组长　谢伏瞻

序二

连绵不断地编修地方志是我国特有的文化传统，为传承中华文明作出了巨大的贡献。在党中央、国务院的高度重视和支持下，这一古老的文化传统焕发勃勃生机，展现新的活力，成为保存、继承、发扬光大中华优秀传统文化的重要依托，培育和践行社会主义核心价值观的重要媒介，社会主义先进文化建设的重要组成部分，发展中国特色社会主义，增强道路自信、制度自信、理论自信的重要载体，在实现“两个一百年”奋斗目标和中华民族伟大复兴中国梦进程中具有不可替代的地位和作用。

事物总是在不断发展中前进。经过改革开放以来30余年的发展，中国特色地方志事业与传统的编修地方志已不可同日而语，形成了志（志书）、鉴（年鉴）、库（地情数据库）、馆（方志馆）、网（地情网站）、刊（期刊）、会（学会）、研（理论研究）、用（开发利用）等多业并举的新格局。截至2015年10月底，全国编纂完成首轮、二轮省、市、县志书8000多种，编修部门志、行业志、专业志、乡镇村志27000多种，编纂地方综合年鉴2300多种，累计整理旧志2500多种，还编纂出版了大量的地情书，字数以百亿计，形成以反映国情、地情为主要内容，全面系统、持续不断、卷帙浩繁的社会科学成果群。另外，还开通了27个省级网站、230个市级网站、816个县级网站；建成国家方志馆1个、省级方志馆16个、市级方志馆86个、县级方志馆近300个。这些成果，成为国家极为重要的文化资源，是国家文化软实力和公共文化服务体系的重要组成部分。

最近几年，地方志工作的触角在不断延伸，部门志、行业志、专业志、特色志、乡镇村志编纂方兴未艾，成为当前地方志事业发展新的增长点和亮点。特别是乡镇志，兴起了编纂热潮，从自发的民间行为逐渐过渡为政府组织的文化行为，有的省份以政府令形式将其纳入地方志编修范畴，像河南省还以省政府办公厅名义要求全省普修乡镇志。乡镇志并不是一个新生事物，据现有资料可考，宋代常棠所撰《澉水志》是现存最早的一部乡镇志。与省、市、县三级志书相比，乡镇志虽属小志，但意义却不小，特别是在当前国家全力推进新型城镇化建设的背景下，乡镇志的作用更显重要。

启动中国名镇志文化工程，是适应当前新型城镇化建设形势发展需要、地方志事业发展形势需要的重要举措，也是充分发挥地方志存史、资政、育人功能的重要手段。作为最基层行政组织的志书，镇志是最接近中国社会发展变迁的国情、地情记录文本，具有重要的历史文献价值。而作为充分反映本区域自然、政治、经济、文化和社会的历史与现状的资料性文献，镇志又能全面展示发展脉络，摸索发展经验，为探索中国乡镇未来发展方向提供借鉴和参考。当然，对于祖祖辈辈生于斯长于斯的中国人来说，故乡就是一个魂牵梦萦的地方，故乡的情怀终生难忘。留得住乡愁，记得住乡思，充分展示名镇文化魅力，激发爱乡、爱国情怀，正是中国名镇志文化工程题中应有之义。

是为序。

中国社会科学院原院长
中国地方志指导小组原组长 王伟光

序三

“国有史，邑有志”，中国自古就有注重编史修志的传统。按照我国目前地方志行政法规，国家各级地方志机构的法定职责是编纂省、市、县三级志书，并不包括县以下的乡镇志和村志。这种规定，一方面可能因为全国有数百万自然村落和数万乡镇，全部实行官修很难实现；另一方面可能因为我国历史上就有“皇权止于县”的说法，县以下的民间社会历来是一个以自治为主的领域。然而，改革开放几十年来，我国社会正在发生巨变，这种巨变在基层社会的乡镇、村落、家庭领域更为深刻。作为“乡之首，城之尾”的镇，逐渐被日益崛起的大都市淹没了光彩，村落在快速的城镇化过程中每天都在大量消失，农村家庭的小型化、空巢化趋势非常突出。在这种情况下，我一直在思考，如何留得住历史文化记忆和乡愁，如何把修志的工作向基层社会延伸?

中国人的“家国情怀”，是从“诚意、正心、修身”开始，到实现“齐家、治国、平天下”。所以从国家一统志，省、市、县三级志，到乡镇志、村志、家谱，也是一个完整的系统。

正是在这种背景下，我们决定启动中国名镇志文化工程。乡镇是无数中国人生命的底色和成长的摇篮。如何在城镇化进程中，留得住乡愁，记得住乡音，忘不了乡思，事关城镇化进程的人文关怀和文化保护，事关文化血脉的传承。同时，科学记录城镇化进程，反映城镇化成就，也为今后探索城镇化发展规律、积累经验提供了基本素材。作为全面系统记述一定行政区域的自然、政治、经济、文化和社会的资料性文献，志书是以上功能最好的载体。

我国目前有 4 万多个乡镇，全部修乡镇志还不具备条件。中国名镇志丛书选择的是传统文化名镇、历史军事重镇、革命历史名镇、民族特色名镇、特色经济名镇、旅游景观名镇等类型的乡镇，应该是最具代表性的，在中国乡镇文化传承和社会发展中具有标杆意义。

编纂中国名镇志丛书是对乡土历史文化的保护。随着城镇化进程加快，有不少乡镇被撤并，有些还是在历史上有重要意义的历史文化名镇、特色镇等。如不及时对其历史进行整理、记录，这些重要的历史资料将散佚殆尽。因此，中国名镇志丛书的编纂是对宝贵历史资料的抢救。

编纂中国名镇志丛书是对乡土意识的传承。什么东西有魅力？故乡的山水，乡音乡情的记忆，乡土的气息和家乡菜的味道，不管走到哪里，总是触动心弦。中国名镇志丛书记录的是家乡的山山水水，家乡的历史文化，家乡的风土人情，留住的是乡愁。这些最能激发远方游子和本地民众的爱乡情怀、爱国情怀。

编纂中国名镇志丛书是一种学术探索。镇志的编纂，实质也是一次深入的社会调查研究。“麻雀虽小五脏俱全”，相比省、市、县，乡镇第一手资料的获得需要付出更大的努力。我们也希望在志书编纂上有所创新，使中国名镇志丛书成为一套图文并茂、雅俗共赏的新型志书。

中国社会科学院副院长
中国地方志指导小组常务副组长　李培林

中国名镇志文化工程专家委员会

中国名镇志文化工程学术委员会

江苏省张家港市金港镇志编纂委员会

主　　任　石锡贤

副 主 任　许剑波　黄　镇　季　峰　徐敏娟

委　　员　潘正云　张惠锋　邱亚峰　张建良　张炳成

学术指导　陈　旭　陈兴南　陈　华　陈其弟　丁　瑾　傅　强　徐秋明

特约审稿　陈飞健　汪丽菁　陆正芳　朱永平

江苏省张家港市金港镇志编辑人员

主　审　张惠锋

主　编　邱亚峰　张建良　张炳成

校　对　苏其增　冯春法　季诵华　黄再林　张惠兴　李仁民

张家港保税港区汽车整车进口口岸（2016 年）　　王佩　摄

中国名镇志丛书凡例

一、以马克思列宁主义、毛泽东思想、邓小平理论、“三个代表”重要思想、科学发展观、习近平新时代中国特色社会主义思想为指导，坚持辩证唯物主义和历史唯物主义的立场、观点和方法，存真求实，全面、客观、系统记述中国名镇城镇化进程和改革开放成果，传承和抢救乡土历史文化，激发爱国爱乡情怀，留住乡愁，为探索中国特色新型城镇化建设、服务乡村振兴战略提供历史智慧和现实借鉴。

二、为全面反映入志事物发展脉络，各志上限追溯至事物发端，下限一般断至各镇志启动编修年份，个别重大事项可延至搁笔。详今明古，着重反映时代特色和地方特点，重点体现各镇的“名”与“特”。

三、记述地域范围以下限年份的行政辖区为主。为体现名镇在更大区域内的意义，可以从更开阔的区域视野记述与该镇相关的内容。

四、统一采用纲目体，设类目、分目、条目三个层次。横排门类，纵述史实，述而不论。

五、综合运用述、记、志、传、图、表、录等各种体裁，以志体为主。体裁运用适当创新，篇目设置不求面面俱到，一般意义上的乡镇级内容略去不载。

六、除引用文字和附录文献资料外，统一使用规范的现代语体文记述，行文力求朴实、严谨、简洁、流畅、优美，具有较强可读性。

七、人物部类遵循“生不立传”原则，人物传主按生年排序，只选录对本镇发展有重大影响的人物，不面面俱到。

八、各项数据一般采用国家统计部门数据。数据缺乏的，采用主管部门或主办单位正式提供的数据。

九、数字用法、标点符号、计量单位分别执行国家标准《出版物上数字用法》（GB/T 15835—2011）、《标点符号用法》（GB/T 15834—2011）、《国际单位制及其应用》（GB 3100—1993）和《有关量、单位、符号的一般原则》（GB 3101—1993）。历史上使用的计量单位，如斗、石、里、尺、磅、华氏度等，在引文时可照录。考虑到社会使用习惯，全书中亩不统一换算。

十、中华民国成立前的纪年，使用朝代年号纪年，括注公元年份；中华民国成立后的纪年，均使用公元纪年。志中所称“解放前（后）”，以该镇解放日为界；“新中国成立前（后）”，以中华人民共和国成立日 1949 年 10 月 1 日为界；“改革开放前（后）”，以 1978 年 12 月中共十一届三中全会召开为界。本志“×× 年代”，凡未加世纪者，均指 20 世纪。

十一、为节省篇幅，避免重复，本志采用条目互见法。参见条目的表示形式为：参见本志“×× 类目 · ×× 分目 · ×× 条目”。

十二、对旧志、古籍中的繁体字、冷僻字一般用简化字或通用字替换，易引起误解的则保留。

十三、记述各个历史时期的党派、机构、职务、地名等，均以当时的名称为准。对频繁使用的名称，首次用全称并括注简称，其后用简称。

十四、各镇志需要单独说明的事项，均在各自编纂始末中记述。

金港镇在中国的位置

金港镇
张家港
新疆维吾尔自治区
乌鲁木齐
西藏自治区
拉萨
青海省
西宁
甘肃省
兰州
宁夏回族自治区
银川
内蒙古自治区
呼和浩特
黑龙江省
哈尔滨
吉林省
长春
辽宁省
沈阳
北京市
北京
天津市
天津
河北省
石家庄
山西省
太原
山东省
济南
陕西省
西安
河南省
郑州
江苏省
南京
安徽省
合肥
上海市
上海
浙江省
杭州
湖北省
武汉
四川省
成都
重庆市
重庆
湖南省
长沙
江西省
南昌
福建省
福州
贵州省
贵阳
云南省
昆明
广西壮族自治区
南宁
广东省
广州
香港
澳门
海南省
海口
海南岛
台湾省
台北
台湾岛
钓鱼岛
赤尾屿
东沙群岛
西沙群岛
永兴岛
中沙群岛
黄岩岛
南沙群岛
曾母暗沙
渤海
黄海
东海
南海
黄河
长江
图　例
北京　首都
天津　省级行政中心
未定　国界
省、自治区、直辖市界
特别行政区界
名镇(乡)所在区域
名镇(乡)
1∶32 000 000
审图号：GS（2018）5807号

金港镇在江苏省的位置

图　例

南京　省级行政中心
苏州　地级市行政中心
溧阳　县级行政中心
省界
地级市界
名镇(乡)所在区域
名镇(乡)

1∶3 060 000

审图号：GS（2018）5807 号

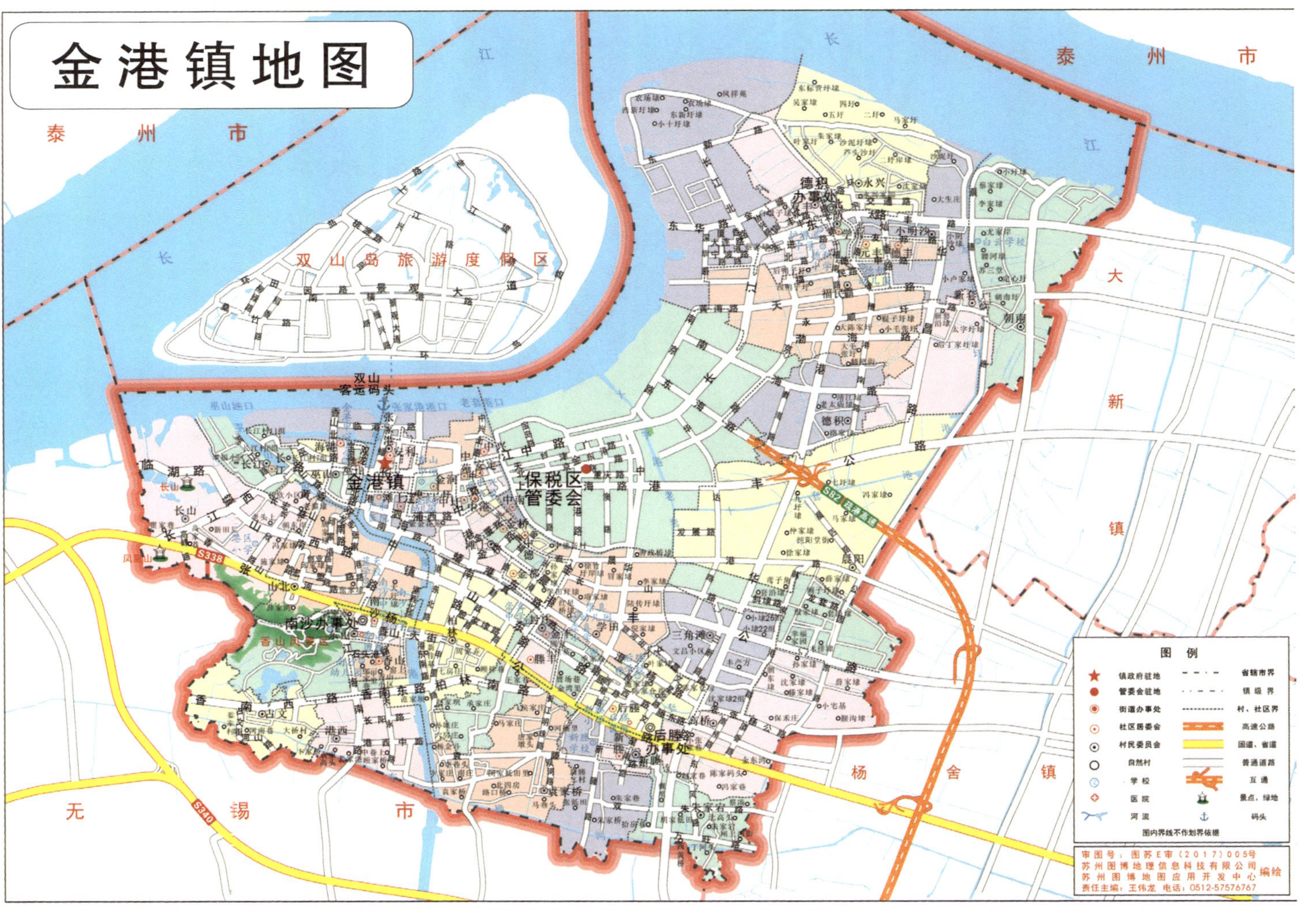
金港镇地图
泰州市
双山岛旅游度假区
长江
大新镇
杨舍镇
无锡市
金港镇
保税区管委会
德积办事处
后塍办事处
南沙办事处
双山客运码头
香山风景区
S338
S340
S82
图例
镇政府驻地
管委会驻地
街道办事处
社区居委会
村民委员会
自然村
学校
医院
河流
省辖市界
镇级界
村、社区界
高速公路
国道、省道
普通道路
互通
景点、绿地
码头
图内界线不作划界依据
审图号：图苏E审（2017）005号
苏州图博地理信息科技有限公司
苏州图博地图应用开发中心
编绘
责任主编：王伟龙 电话：0512-57576767

张家港保税区全景图（2016 年）

王佩　摄

滨江新城（2016 年）

王佩　摄

香山风景区牌楼（2018 年）

邱亚峰　摄

香山梅岭（2016 年）

不夜的港口（2013 年）　　江宝国　摄

苏栋汇　摄

参加健康端午·志愿荧光跑的金港义工联盟志愿者（2018 年）　　苏栋汇　摄

目录

时光里的金港

它从遥远的东山村走来，历经八千年的风云，静立在芦花纷飞、稻香鱼肥的长江岸边，眺望着五洲四洋。

历史的风尘，掩不住青春而活泼的容颜。它踏着壮阔汹涌的大江浪潮，一路飞歌，昂首奋进在新的时代。

黄金口岸，创业天堂，每一个荣耀的背后都闪烁着一个名字——金港。

打开时间的记忆，恍然如见，8000 年前，金港从小小的东山村落出发，踏着扬子江奔腾的浪花，一路走来。

金港很古老，古老得就像是一位沧桑的老人，饱经风霜却又壮心不已。这里有着东山村的刀耕火种，曾伴随着 8000 年前初升的朝阳，在远古时代的蛮荒和蒙昧中，开垦出辉煌而灿烂的崧泽文化。从此，在这片土地上，有了文明的孕育，薪火的传递。

金港很年轻，年轻得就像是一位青春的少女，热情洋溢且又意气风发。这里有不冻不淤、深水贴岸的天然良港——张家港港，又有全国唯一的内河港型保税区——张家港保税区。这里是张家港市“以港（张家港港）兴市（1986 年撤沙洲县，成立张家港市）”大发展的源头，是希望的热土、黄金宝地。

金港在香山脚下、扬子江畔。这里奔涌着万里大江的浪涛，耸立着幽静秀美的香山，滋养着美丽而富饶的平畴沃野；这里也兴起过大桥、占文桥、后塍、三甲里等热闹而繁华的老街，涌现出一代又一代的乡贤名士，见证过风雷激荡、红旗漫卷的红色岁月。

这里是一片热情而奔放的青春热土，也是一片激情澎湃、梦想飞扬的创业天堂。它沐浴着新时代的曙光，飞扬着诗意和远方的梦想，以耀眼的经济成果、和谐的人文典范，在实现现代化的丰碑上刻下了全面建设小康的生动样本。

蒹葭苍苍，芦花飘飘。在这片诗意的沙洲之地，金港正用那神奇和豪迈的笔端，书写着一首永远奋发向上的青春诗行……

一

子在川上曰：“逝者如斯夫，不舍昼夜。”面对着“时间到哪里去”的追问和感慨，张家港保税区（金港镇）在短短 20 多年时间里，写出了一份令人满意的答案。从最初的 4.1 平方千米到如今的 131.62 平方千米，这不是简单的数字递增，而是张家港保税港区的凤凰涅槃，华丽转身。凭借独特的功能优势和区位优势，之前单一的保税区蝶变为保税港区、国际化学工业园区、保税物流园区、重型装备产业园区、环保新材料产业园区、香山风景区、滨江新城等“一城六区”的大格局，成为长江流域一个令人瞩目的经济体。

这里拥有通达世界的激情与速度，完美融合于长三角经济圈，形成了“陆路、水路、铁路、空路”路路贯通的立体化交通网络。这里是国内政策较为完备、功能较为齐全、通关较为便捷的特殊经济区域。这里以世界通行规则对接国际自由贸易区，以高效精细的服务为每一家入驻企业提供支持，实现了从国际到国内、从品质到服务的无缝对接。

劲吹着深化体制改革的春风，张家港保税区利用自身的区位优势和政策功能优势，筑巢引凤，外招内吸，不断引进、培育、壮大重大项目。

国际化学工业园内，19 家世界 500 强企业及 11 家世界化工 50 强企业先后进驻，建成了有机硅、润滑油等产业基地，形成了物流、交易市场和工业生产三位一体的价值链，在全国 490 余家重点化工园区中排名第 9 位。

保税物流园区，100 多家知名物流企业纷纷进驻，带来了先进的物流管理理念和技术。同时，依托物流园区，形成以化工品、纺织原料、粮油、名贵木材为主导的四大传统市场和以进口汽车、进口消费品为重点的两大新兴市场，成为全国较大的木材、棉花、羊毛、液体化工品集散地。

环保新材料产业园，主要从事研发新材料、新能源、新医学、新通信、新环保等“五新”产业。园内聚集行业内的知名企业，形成了新能源锂电产业基地、光学膜产业基地、页岩气新材料综合利用研发生产基地。

扬子江重型装备产业园，集聚了一批国内外知名骨干企业，全力打造新能源装备、重型机械、大型煤和石油化工成套装备、低温压力容器等装备产业。

聚焦人才，引进资本，张家港保税区已成为长江流域重要的国际资本承载区、现代产业集聚地和大宗商品集散中心，先后被评为长江经济带转型升级示范开发区、中国最具投资潜力经济园区第四名、国家生态工业示范园区、江苏省文明开发区。2015 年，完成地区生产总值 602.44 亿元，占张家港市生产总值的 27%。初步实现了高端制造业与现代服务业的双轮驱动、内外资本的融合发展、产业的转型升级与科技创新，主要经济指标和科学发展水平在全国 13 个保税区、14 个保税港区中位居前列。

一座以港口贸易、临江制造为特色的智慧、前沿、生态的保税港区崛起在黄金口岸。

二

提起张家港港，很多金港人都会想起一个叫张南山的人。明万历二十三年（1595），张南山与弟弟侍山一起，携家带口来到香山北麓，率张氏合族子孙，将聚居地张家埭旁的流漕拓宽加深，使之成为香山北麓到长江之间的一条通江河道。也就从那时起，张南山装运米粮，从江尾海头的张家港古渡出发，开启了一个航运发家、实业致富的时代。

岁月流转，沧海桑田，当年的张家港古渡，早已随着江尾海头的苍苍蒹葭、丛丛芦苇，变成了昨天的记忆。然而，张南山的梦想和荣光，在金港人的心中深深地扎下了根。循着张南山的梦想，金港人也迈出了不断追寻“以江兴港、贸易致富”的脚步。

1958 年 11 月，拓浚张家港运河，对接张家港入江处的老夹口水道。1968 年 2 月，张家港港动工建设。1970 年，港口可同时停靠 9 艘海轮。1981 年，成立张家港港务局，相继建成了一批万吨级以上码头泊位，成为江海物资转运港。1983 年 5 月，第一艘外籍万吨级货轮巴拿马籍“日本商人”号满载木材抵达。

时光流转到 2015 年，此时的张家港港，毗邻着张家港保税区，深水贴岸，不冻不淤，有 57 个泊位，5 万吨级大型货轮可任意停靠，完成货物吞吐量 2.24 亿吨，是中国重要的国际商业贸易港。从西起巫山港东至十字港全长 5.5 千米的港口岸线的最初规划，到 2015 年西起长山（与江阴市交界）东至东沙（与常熟市交界）全长 63.57 千米的沿江开发，张家港保税区正以前瞻的视野、发展的眼光奏响着港口发展的最强音。

张家港口岸是全国县域口岸首个 2 亿吨港，也是全球首个通过复核的国际卫生港口。开通了 20 条国际航线，与世界 140 多个港口有货运往来。全年完成货物吞吐量、集装箱运量和外贸运量位居长江各港前列，成为长江内河繁忙的国际商港。

张家港港也是中国钢铁、木材、粮油、化工等货物的重要中转港，亚太地区较大的粮油进口、生产、中转基地，进口名贵木材在华东地区位居前列，汽车整车、液体化工品、棉花、红酒、肉类等进口量在江苏省同类口岸中名列前茅。张家港港是长三角地区对外开放的重要门户，综合实力、进出区货运总量雄踞全国前列。

三

美丽金港，山清水秀，风光如画。这里有山绵水长、扼守长江的要塞——长山；有孑立江中，远眺如浮在江面的巫山；有唐薛稷幽居的稷山；更有菱状山体，北坡险峻，南坡平缓，顶部开阔，素有江南名山之誉的香山。

香山因形似卧牛、遍植桃花，故有卧牛山、桃花山之称。传说因吴王携美人入山采香，遂改为香山。与国内外众多的大山名山相比，香山占地仅 2.5 平方千米，海拔也只有 136.6 米，但“山不在高，有仙则名”，香山以旖旎的自然风光、悠远的文化积淀、动人的民间传说，而成为江南人所共知的文化名山。

香山，每一处古迹都是一个美好的景点，每一个景点都有一个传奇的故事。飞檐斗拱的六角凉亭，虽几经变迁，但圣过潭却经久不毁。传说洪荒时代，大禹奉命治水，到江边香山时，早已身乏人困，取山泉解渴，遂凿地成潭。斯人已远，唯圣过潭依然清冽甘醇，长年不涸。姑苏台上的筝鸣鼓声，悠悠采香径旁的马蹄香，总是芬芳在草长莺飞的季节。

经受“乌台诗案”之祸，深受妻亡子夭之痛，中秋黄州的圆月，依然解不开苏轼心中的忧伤。梅花堂“暗香浮动，泛玉参差”的幽境，竟引得途经香山的他驻足忘返，吟诗作画，种梅赏景。“满地蒌蒿，短短芦芽，欲上河豚”，这些具有金港特色的江鲜美味，冲淡了他心中“放舟赤壁，壮志难酬”的辛酸，留下了“一蓑烟雨任平生”“也无风雨也无晴”的坦然与豁达。

香山，也和明朝地理学家、旅行家，江阴人徐霞客结下了不解之缘。徐霞客从距离香山 30 多千米的家乡马镇出发，常年漂泊在外，与风雨为伴，以野果充饥，跋山涉水，只为年少时立下的“游遍名山大川”的宏图大志。他曾小住族兄徐雷门的梅花堂，三次雨后游览香山，是“九天风雨，三峡波涛”的桃花涧飞瀑，是“如洞门仙子，环窈窕之云；壁上叠梅花，壁下飞香雪”的梅花堂幽境，一次又一次激荡了他心中的雄志。

香山，历来也是兵家必争之地。这里曾是吴越争霸，南宋抗金，民众自发抗倭，太平天国与清军激战的沙场。分布在香山顶上的藏军洞，以及香山上的烽火墩，在鼓角齐鸣、刀光剑影的战争中发挥过重要作用。草深林密、刀削斧劈的石虎门，更是战鼓阵阵、杀声震天的古战场，在这里曾演绎过许多“金戈铁马，气吞万里如虎”的故事。吴越春秋争霸，名相伍子胥据险守隘，突出奇兵，大败勾践之军。明朝嘉靖年间（1522—1566），钱錞率乡兵义勇奋起抗倭，狼烟滚滚，血溅石门，让东洋倭寇魂飞胆破……

香山，也有着鲜明的红色记忆。在血雨腥风、白色恐怖的年代，革命先驱孙逊群，怀着“为天下穷人闹翻身、求解放”的理想信念，用香山古刹的微弱烛光，点亮了“风雨如晦”的世界。农民运动先烈茅学群，领导了后塍四次农民暴动，他率领民众挥舞起手中的镰刀锄头，奋勇砸烂旧世界的枷锁。在民族危急、生死存亡的关头，一些仁人志士，出没于香山的丛草莽林中，用自己的血肉，手中的钢枪，构筑起一道屹立不倒的“万里长城”。渡江战役时，中国人民解放军也是从靖江新港起航，分别在香山不远处的长山、巫山登陆，迎来了张家港境域的黎明……

历史的烟云早已散去，金港的香山又历经社会主义建设、改革开放和新的历史时期，留下了浓墨重彩的一笔。在围圩造田、战天斗地的火红岁月，香山造富于民。当改革开放的春风吹遍大江南北，香山又还绿于民，走上了生态旅游的康庄道路。1992 年，香山采石封停。1993 年，香山新十八景相继开发。2014 年 4 月，香山风景区已荣登国家 AAAA 级旅游景区名单。一度荒凉的香山又是满目青翠，佳景迭现，神韵溢满。屡经兴废的江南名刹香山寺，依山而建，规模宏大，气势雄伟；雄浑的钟声，肃穆的气氛，悠扬的梵音，让人见之忘俗。雄踞于老虎背之上的聆风塔，则是香山的标志性建筑，登塔远眺，则见澄江如练，江南美景尽收眼底。梅岭景区依山而植，梅花争奇斗艳；樱花园灿如朝霞，赏心悦目。香山湖烟波浩渺，彩虹桥长虹卧波，飞架其上。湖心岛绿树葱茏，亭台楼阁掩映，夜晚则渔火灯明，宛如繁星点点。

四

香山东麓，有一座小小的东山。谁也不曾想到，那一次在香山东麓不经意的开挖，让名不见经传的东山，吸引了世界的目光。

时间追溯到 1989 年 3 月，当时的南沙镇为建镇政府办公楼开挖地基，竟发现成片的红色硬土块和大量的陶片以及规整的石块。那里出土的一块块玉石、一粒粒稻谷、一件件陶器、一个个墓坑，竟一下子把中华文明史再向前推了整整 1000 年。8000 年前，当世界上很多地方的古人类还在过着茹毛饮血的原始野蛮生活时，香山东麓的东山村一带就有先民居住、耕耘，并有着明显的社会阶级分层。古老的东山村落，那时就迈出了文明的足迹，开始了人类社会进步的里程。

东山村遗址的发现，填补了长江下游马家浜文化晚期高等级墓葬及崧泽文化早中期高等级大墓的空白，成功入选中国社会科学院“2009 年中国六大考古新发现”和“2009 年度全国十大考古新发现”。2013 年，东山村遗址成为全国重点文物保护单位，是太湖流域乃至长江下游地区发现的最早的新石器时代的文化遗址之一。

在金港的文化名片上，不只有耀眼的东山村遗址，还有古桥古井，古河古街。毗陵寺井，掘于西汉之时，冬暖夏凉，至今还为当地村民提供清澈、甘甜的水质。东山村的六朝古井，历经隋、唐、宋、元、明和清 6 个朝代，井壁精致考究，用于当时山坡上的农田灌溉。大桥驿站古井，曾为驿站及过路客商提供生活用水。香山北麓龙家湾的会元古井，距今已有 1000 多年历史，时人曾为纪念造福一方百姓的张士诚改名为“张公井”，后又为纪念考中会元的乡人重修该井、造福桑梓而改名为“会元井”，它的名字里有着暖暖的温度。

江河流淌、桥梁飞架之处，必有热闹的街市，集聚的老镇。石头港边的大桥古镇，东横河畔的占文老街，南横套河边的后塍老镇，濒临长江、横跨护漕港的护漕港集市……老街古市上米行布店铺展，酒肆茶楼幌子招展，商贾云集、往来如流。每一条老街都掘着一口老井，架着一座老桥，也维系着一条忙碌的水运，繁华一时，富甲一方。南沙老街是金港唯一一条已改造完成的古街，漫步街头，使人不由得想起清代的三甲里集镇。宽阔的柏油道两旁，商铺林立，廊子相连，檐角相勾，白墙黛瓦，飞檐翘角，花窗雕栏，充满着浓浓的古朴风味，顿觉时光倒流，恍如隔世。

金港钟灵毓秀，地灵人杰，自古就有崇文尚教的风气。香稷书院、柏林庵、慧凝庵、大王庙等庵庙内私塾盛行一时。许多农家门第，忠厚为人，耕读传家，诗书济世，成就了像张简、曹毓瑛等宋元明清时期的进士，以及朝堂举足轻重的人物。丘氏、向氏、刘氏、吴氏、郁氏、殷氏、蒋氏更为当地的名门望族，名流辈出。

享有盛誉的刘半农、刘天华、刘北茂三兄弟，祖籍就在香山东麓南沙三甲里后面的殷家埭。刘半农是著名诗人、语言学家。刘天华是著名民族音乐家、民族乐器演奏家，一生致力于改进国乐，以故乡香山的松涛、鸟鸣为素材，创作了《空山鸟语》《病中吟》《光明行》等名曲。二胡演奏家、作曲家、教育家刘北茂为了传承二哥刘天华的遗志，弃文从艺，成就了现代文化史上一段互敬互爱、情深意笃的兄弟佳话。

延至当代，金港也涌现了像中国工程院院士吴中伟、化学家王箴、中国比较教育奠基人王承绪、名医郁祖祺、原中央人民政府财政部副部长范醒之等名人。出生于柏林村的中国工程院院士吴中伟，因其对水泥混凝土材料和技术研究的突出贡献，被授予何梁何利基金科学与技术进步奖。出生于南沙占文桥的中国著名化学家王箴编写的《化学辞典》获全国优秀科技图书奖。

五

长江岸边的金港，有山有水，气候宜人，是一个生态宜居的理想之地。

这里土地肥沃，物产富饶，盛产小麦大米，大豆菜籽；这里河道纵横，水网密布，洄鱼、鲚鱼、河虾、蚬子远近闻名，“长江三鲜”（刀鱼、河豚、鲥鱼）更是扬名全国。

早在宋元年间，在古雷沟地区（今南沙、后塍一带），民间就广泛植棉，纺纱、织布，因而有着“家家纺车转、户户织机响”的美称。古雷沟大布，明清时期即为江南一绝，享誉国内，远销南洋。2010 年，雷沟大布织染工艺列为“苏州市非物质文化遗产”。当地有名的后塍竹编，形式多样，工艺精细，经久耐用，出口美国、日本、东南亚等地，被列为“江苏省非物质文化遗产”。

被列为“江苏省非物质文化遗产”的还有后塍黄酒（沙洲优黄）。“人道江南好个秋，持蟹赏菊品沙优”，从未到过江南的人，假如喝上一杯温和优雅、香醇可口的沙洲优黄，江南的最初印象定会铭刻心头。更让人诧异的是，1972 年，美国前总统尼克松访华期间，曾到上海市第二百货商店参观购物，看到柜台内产地为山北大队（今金港镇山北村）的一把小巧玲珑的算盘，久久不愿离去，最终选定一把，带回美国。小小的一把算盘，竟成了中美破冰之旅中一件珍贵的礼物。

富饶的金港，其优良、丰富的农副产品，为“舌尖上的金港”提供了色味俱佳的精美食材。欢乐喜庆的年糕、松脆可口的油馓子、甜糯色美的后塍梅花糕、香甜酥脆的金港芝麻糖、富有传统意味的“草鞋底”与麻尖角、其鲜无比的蟛蜞豆腐、绿色生态的野生芦笋、乡土风味的雪山草鸡、鲜嫩味美的后塍羊肉，这些经典美食，特色小吃，溢满着中国式的人生百味，一头锁定了千百年前的历史，一头牵绊着记忆深处的故乡，为金港百姓的日常生活涂上了富足与安恬的底色。

金港的长河里，流淌着丰衣足食的故事，也滋润着这一方人居乐土，涤荡着未来的碧海蓝天。古老而年轻的金港，也在发展的春天里拔节升腾。2015 年，金港镇在全国综合实力百强镇中名列第十，人均 GDP 达到 20.17 万元。如今，美丽乡村、生态建设、红色党建、文明创建、志愿者服务、民主法治正在金港有序推进，繁华的商务区、优美的居住区、生态的旅游区、国际化的综合平台，让金港正成为诗意生活的天堂。

走在滨江新城核心区，金港的新地标滨江大厦高大气派，耸入云天；文化中心集展览、休闲、教育、观演、娱乐于一体，许你一个书城悦读的美妙愿景；商业区热闹繁华，商品琳琅满目，堪与大城市媲美。景观河道，清水涣涣，鱼儿欢跃；两岸，竹修草茂，亭台水榭，曲径回环，桥梁典雅。傍晚，数千盏草坪灯银光四射，数千盏彩灯一起绽放，树木、桥梁、高楼倒映水中，美不胜收。人们散步、游玩、观景，跳舞；更有钓者频频提竿，享受夜钓乐趣。不出金港，便可享受山水之景、购物之便、文娱之乐。

晨曦微露，银发的老人们安闲地挥舞着太极，开心的孩子们在秋千上晃着悠悠的童年。华灯初上，成百或上千的市民，跳起欢快的广场舞；铿锵的节奏，绽放的笑容，迸发出他们走上幸福大道的满怀豪情。

通向乡村的柏油大道宽阔平坦，四通八达，道旁绿树成荫，繁花簇拥，清澈如镜的水塘掩映其中，古典而不失时尚的公交站台点缀其间。村庄里，绿田环绕，流水小桥旁，屋舍俨然，香樟亭亭如盖。区镇乡野，穿着或红或绿马甲的志愿者身影随处可见，文明的新风扑面而来，志愿之花遍地绽放。

在这里，教育均衡发展，医疗卫生长足进步，文化体育活动蓬勃开展。在这里，先后举办了“东渡杯”全国女子举重冠军赛、“东渡杯”亚洲青年女子举重锦标赛、“牡丹杯”第九届亚洲青年男子举重锦标赛，承办“96CCTV 杯”中国乒乓球擂台赛。在这里，南沙举重学校成为培养举重人才的基地，从金港走出的运动员陆浩杰在伦敦奥运会上获得 77 公斤级举重比赛银牌。在这里，长江村成为当代农村改革发展的一颗明星，长江村星成为首个以村命名的小行星。

“历史与现代交融，发展携梦想同行”，这里是事业梦想与生活栖居的多彩展台；这里是富有魅力的城市副中心，极具活力的商务新都会，和谐宜居的人文新金港；这里也是青山绿水的生态新家园，历史文化深厚的中国名镇。

翻过岁月的风，走过江南的雨，香山的梅开了又谢，谢了又开；听过东山的牧歌，唱过明清的风雅，金港的潮涨了又落，落了又涨。来吧！让我们心怀一缕憧憬，相约在美好的时光里，寻一袭过去的遗梦，找几分心中的念想。在这里，你一定会邂逅最美的遇见！

滨江新城夜景（2018 年） 苏栋汇 摄

基本镇情

荒芜的沙洲之地，竟有着神奇般的崛起。这里是张家港市大发展的源头，是希望的热土、黄金宝地。

131.62平方千米的土地上，有着山的沉稳、水的灵动，也有着桥的飞扬、路的畅达。这里演绎着江南农村改革致富、奔赴小康、率先实现现代化的辉煌历史，也讲述着小桥流水边幸福人家的动人故事。

金港镇位于江苏省张家港市西北部，地理坐标为北纬 31° 57′，东经 120° 24′。东连杨舍镇、大新镇，南接江阴市周庄镇，西邻江阴市经济开发区新澄东办事处，北濒长江。全镇面积 131.62 平方千米，镇政府设在长江中路 164 号。

建置　区划

金港镇历史上长期属江阴县管辖。1957 年，江阴县（今江阴市）实行撤区并乡。境内有后塍、南沙、中兴、德积 4 个乡。1958 年，实行以乡建社、政社合一，境内 4 个乡建成 4 个人民公社。1962 年，建沙洲县时，境内的后塍人民公社、南沙人民公社、中兴人民公社、德积人民公社从江阴县划归新成立的沙洲县管辖。1963 年 5 月，建后塍镇为县直属镇。1982 年 9 月，中兴人民公社双山沙的 6 个大队划出，单独成立双山人民公社。1983 年，实行政社分设，境内有后塍镇、后塍乡、南沙乡、中兴乡、德积乡、双山乡。1986 年 3 月，后塍乡并入后塍镇。1986 年 12 月，南沙乡、中兴乡、双山乡合并设立港区镇。1988 年 4 月，重新划建港区镇，恢复中兴乡、南沙乡、双山乡。1991 年 6 月，南沙乡撤乡设镇。1992 年 12 月，德积乡撤乡设镇。1993 年 12 月，中兴乡、双山乡撤乡设镇。1999 年 8 月，中兴镇并入港区镇。2000 年 7 月，双山镇并入港区镇。2002 年月 8 月，南沙镇并入港区镇。

2003 年 8 月，港区、后塍、德积 3 个镇合并，设立金港镇，原晨阳镇的晨阳、长埭、晨西、新村、高科 5 个村同时并入。之所以取名金港镇，原因在于该镇境内有不冻不淤、深水贴岸的天然良港——张家港港，又有全国唯一的内河港型保税区——张家港保税区，是张家港市以港兴市大发展的源头，故命名为金港镇。2008 年 9 月，张家港保税区、金港镇实行“区镇合一”管理机制，称张家港保税区（金港镇）（简称区镇）。2011 年 12 月，双山办事处从金港镇划出，成立张家港双山岛旅游度假区。2015 年年末，张家港保税区（金港镇）总面积 131.62 平方千米，全镇总人口 32.89 万人，其中户籍人口

17.93 万人，下辖南沙、后塍和德积 3 个办事处，下设长江村、巫山村、张家港村等 26 个行政村、24 个社区（其中 9 个为“村社合一”体制）。

行政村

长江村 分为中心区、东区两部分，村名以北濒长江而得。中心区位于金港镇西北部，东依巫山，南面与西面接长山村，北临长江。东区原为韩家港村，位于金港镇东部，东接杨舍镇，南邻高桥村，西靠三角滩村、学田村，北依晨阳村。村属企业长江润发集团有限公司是全国民营企业制造业 500 强。2010 年 6 月 18 日，长江村支柱产业——长江润发机械股份有限公司（现名长江润发医药股份有限公司）在深圳证券交易所成功挂牌上市，成为苏州市首家上市的村级企业。2015 年年末，全村总面积 5.2 平方千米，其中耕地面积 146.33 公顷。居民 2700 户，人口 7367 人，总资产 1.76 亿元，经济总收入 3307 万元。

长江村（2016 年） 苏栋汇 摄

巫山村夜色（2008 年） 潘建伟 提供

巫山村 位于金港镇西北部，东临张家港运河，南依山北村，西连长江村，北接张家港港务集团有限公司。该村以境内的巫山而得名。1992 年，因张家港港务局（2003 年 7 月，改为张家港港务集团有限公司）、港区镇建设，村内自然村消亡。村内金港中央广场是一座融购物、餐饮、休闲、娱乐、文化等于一体的现代化、高品质的综合性商城，是村内的支柱产业。2015 年年末，全村总面积 2.62 平方千米，居民 1786 户，人口 4847 人，总资产 2.3 亿元，经济总收入 3196 万元。

张家港村 位于金港镇北部，东连中圩社区，南接滩上村，西靠张家港运河，北临长江。金港镇政府驻地位于该村境内。该村以张家港运河而得名。2015 年年末，全村总面积 1.53 平方千米，居民 1722 户，人口 4542 人，总资产 1657 万元，经济总收入 862 万元。

滩上村 位于金港镇中部，东接中圩社区、学田村，南靠柏林村，西临张家港运河，北邻张家港村。因原自然村滩上村而得名。建有江南建材商贸城、港华路工业集中区、大润发金港店等。2015 年年末，全村总面积 4.15 平方千米，其中耕地面积 4.1 公顷。居民 2464 户，人口 6395 人，总资产 2.14 亿元，经济总收入 5411 万元。

金桥花园（2009 年） 潘建伟 提供

长山村 位于金港镇西部，东与长江村、巫山村、山北村相连，南靠香山风景区，西接江阴市，北濒长江。该村以境内的长山而得名。境内有怡馨苑、高峰小区、长欣小

长欣小区（2014 年） 潘建伟 提供

区、长山别墅区等居民小区。高峰鹿液牌系列茶叶是该村特产。村内毗陵寺井于 1984 年被列为沙洲县文物保护单位。2015 年年末，全村总面积 6.9 平方千米，其中耕地面积 24.5 公顷。居民 2751 户，人口 7661 人，总资产 2.08 亿元，经济总收入 4259 万元。

山北村 位于金港镇中西部，东临张家港运河，南靠香山风景区，西接长山村，北连巫山村。该村因地处香山北麓而得名。农副产品、化工产品交易和木材仓储是该村的支柱产业。2015 年年末，全村总面积 4.2 平方千米，其中耕地面积 8.3 公顷。居民 2126 户，人口 5934 人，总资产 3975 万元，经济总收入 1476 万元。

镇山小区（2016 年） 王佩 摄

柏林村 位于金港镇中南部，东邻封庄村，南接袁家桥村、港西村，西连东山村，北靠南横套。村以境内的柏林庵而得名。2015 年年末，全村总面积 4.7 平方千米，其中耕地面积 80.3 公顷。居民 2888 户，人口 7811 人，总资产 1.23 亿元，经济总收入 1496 万元。

柏林小区（2008 年） 李彩霞 提供

占文村 位于金港镇西南部，东连港西村，南靠稷山，西接江阴市，北依东山村。村以境内的占文桥而得名。2015 年年末，全村总面积 2.41 平方千米，其中耕地面积 30.7 公顷。居民 1399 户，人口 4195 人，总资产 7615 万元，经济总收入 1374 万元。

东山村 位于金港镇中西部，东与柏林村相连，南和港西村、占文村相接，西与江阴市城东办事处交界，北与南沙社区比邻。该村因位于香山东麓而得名。境内有香山购物街、东山村遗址、香山陵和香山旅游风景区。2015 年年末，全村总面积 3.21 平方千米，其中耕地面积 34.1 公顷。居民 1222 户，人口 3255 人，总资产 5974 万元，经济总收入 952 万元。

东山村农民别墅小区（2009 年） 朱珠 提供

港西村 位于金港镇南部，东靠张家港运河，南与江阴市周庄镇隔东横河相望，西与占文村相邻，北依东山村。该村因位于张家港运河西岸而得名。2015 年年末，全村总面积 2.6 平方千米，其中耕地面积 38.3 公顷。居民 1153 户，人口 3517 人，总资产 3303 万元，经济总收入 733 万元。

港西村香山小区（2009 年） 王海荣 提供

新塍村 位于金港镇中南部，东与朱家宕村、高桥村接壤，南与江阴市周庄镇交界，西与袁家桥村相邻，北与后塍集镇相连。村名取后塍的“塍”，突出改革开放新时代的“新”，又因域内有新塍中学而得名。2015 年年末，全村总面积 3.01 平方千米，其中耕地面积 90.5 公顷。居民 1615 户，人口 4543 人，总资产 1.05 亿元，经济总收入 1649 万元。

江苏省三星级美丽村庄新塍村陆家巷（2017 年） 尹静瑶 提供

高桥村 位于金港镇东南部，东与杨舍镇善港村、校兴村为邻，南与朱家宕村接壤，西与后塍集镇、三角滩村相连，北与长江村东区交界。该村因境内有一座高桥而得名。2012 年 1 月，高桥村被列为张家港市村庄环境整治试点村。张家港市名优产品——“沙洲优黄”黄酒生产基地位于该村。2015 年年末，全村总面积 4.8 平方千米，其中耕地面积 173.3 公顷。居民 2224 户，人口 6086 人，总资产 3477 万元，经济总收入 1733 万元。

江苏省三星级康居乡村高桥村高梧庄（2014 年）　　潘建伟　提供

袁家桥村 位于金港镇东南部，东与新塍村为邻，南与江阴市交界，西靠张家港运河，北与封庄村接壤。村以自然村袁家桥而得名。1996 年 9 月，袁家桥村并入肖家庄村。2003 年 3 月，姚浜村与肖家庄村合并，建立新的袁家桥村。境内有蔬菜、果树、花木、养鱼等种植和养殖基地。村内的曹家庄是清代军机大臣、兵部尚书曹毓英的故乡。袁家桥村委会注重民生实事及村居环境建设，实施自来水和雨污分流改造工程，将肖家庄建设成为江苏省三星级康居乡村，江苏省美丽乡村建设示范村。2015 年年末，全村总面积 3.5 平方千米，其中耕地面积 171 公顷。袁家桥村有居民 1778 户，人口 5044 人。全村总资产 1790 万元，经济总收入 1720 万元。

苏州市三星级康居乡村袁家桥村肖家庄小区（2014 年）　　赵李镇　提供

晨阳村　位于金港镇东部，东临太字圩港，南接长江村东区，西靠学田村，北连德积村、新套村。该村以村内的晨阳堂而得名。2015 年年末，全村总面积 8.54 平方千米，其中耕地面积 239.6 公顷。居民 3458 户，人口 8626 人，总资产 9888 万元，经济总收入 1731 万元。

朱家宕村　位于金港镇东南部，东与杨舍镇闸上村相邻，南与江阴市华西村交界，西

江苏省村庄建设与环境整治示范点——朱家宕村丁河头（2012 年）　　潘建伟　提供

接新塍村，北连高桥村。该村因村委会驻地朱家宕而得名。保留自然村东朱家宕、西朱家宕，均通过江苏省三星级康居乡村验收。2015 年年末，全村总面积 2.36 平方千米，其中耕地面积 73.3 公顷。居民 1127 户，人口 3210 人，总资产 2620 万元，经济总收入 716 万元。

封庄村　位于金港镇中部，东连后塍集镇，南靠袁家桥村，西接柏林村，北依学田村。该村以自然村封家庄而得名。村内建办的金港园艺大世界花卉市场占地面积 1 万平方米，有花卉品种 300 多个。2015 年年末，全村总面积 4.3 平方千米，其中耕地面积 70 公顷。居民 1693 户，人口 4599 人，总资产 1690 万元，经济总收入 541 万元。

封庄村花卉种植（2016 年）　　苏栋汇　提供

三角滩村　位于金港镇中北部，村东、北与长江村东区相连，东部和高桥村以韩家港为界，南部临南横套，西部隔天生港与学田村相望。该村以境内最大的自然村三角滩而得名。1997 年，村内建成张家港市第一个村级千亩丰产方。2015 年年末，全村总面积 4.5 平方千米，其中耕地面积 152.3 公顷。居民 1579 户，人口 4046 人，总资产 2100 万元，经济总收入 485 万元。

三角滩村文昌小区（2018）　　邱亚峰　摄

学田村 位于金港镇中部，东与三角滩村、长江村东区为邻，南接后塍集镇，西与滩上村交界，北靠江苏省张家港保税区。因境内有学田圩自然村而得名。土地革命战争时期，江苏农民运动杰出领导人茅学勤出生在该村。2015年年末，全村总面积3.57平方千米，其中耕地面积19公顷。居民1887户，人口5381人，总资产4968万元，经济总收入696万元。

福民村 位于金港镇东北部，与德积集镇毗连。东接新套村，南邻德积村，西靠江苏扬子江国际化学工业园，北与双丰村、德积集镇交界。该村以境内的福民小学而得名。氨纶纱纺纱业是境内的支柱产业，被誉为“氨纶纱之村”。2015年年末，全村总面积5.24平方千米，其中耕地面积126公顷。居民1903户，人口4934人，总资产1.1亿元，经济总收入1299万元。

福民村福民小区（2016年） 潘建伟 提供

小明沙村 位于金港镇东北部，与德积集镇毗连。东以太字圩港为界，南与新套村、福民村毗邻，西与双丰村相连，北边西段与永兴村为邻，东段濒长江。该村以自然村小明沙而得名。2015年年末，全村总面积4.5平方千米，其中耕地面积100公顷。居民2032户，人口5277人，总资产3954万元，经济总收入885万元。

朝南村 位于金港镇东北部，东临大新镇段山村、朝东圩港村，南接大新镇桥头村，西与小明沙村、新套村以太字圩港为界，北濒长江。该村以村委会驻地朝南圩埭自然村而得名。村千亩丰产方是金港镇农业样板区。2015年年末，全村总面积5.64平方千米，其中耕地面积278公顷。居民2256户，人口5990人，总资产3750万元，经济总收入834万元。

新套村 位于金港镇东北部，东依太字圩港，与朝南村接壤，南临港丰公路，西靠福民村，北与小明沙村相邻。该村以村委会驻地新套沿埭自然村而得名。村内形成以千亩丰产方粮食生产、40公顷苗木生产和6.7公顷大棚蔬菜相结合的特色农业生产。2015年年末，全村总面积 3.1 平方千米，其中耕地面积 107.7 公顷。居民 780 户，人口 1941 人，总资产 5289 万元，经济总收入 1525 万元。

德积村　位于金港镇中东部，东依护漕港与新套村接壤，南接晨阳村，西靠江苏扬子江国际化学工业园，北与福民村相邻。该村以古集镇德积街而得名。2015 年年末，全村总面积 3.24 平方千米，其中耕地面积 106.7 公顷。居民 1273 户，人口 3265 人，总资产 5498 万元，经济总收入 810 万元。

永兴村　位于金港镇东北部，与德积集镇毗邻。东、南与小明沙村相依，西与双丰村以护漕港为界，北濒长江。1980 年地名普查时，寓意村永远兴旺而取名永兴村。1990 年，永兴村成立德积乡第一家村办外贸企业，此后成为德积乡第一个亿元村，被列为江苏省亿元名村，列入《江苏名村志》。2015 年年末，全村总面积 2.9 平方千米，其中耕地面积 145.4 公顷。居民 1323 户，人口 3531 人，总资产 3848 万元，经济总收入 667 万元。

永兴村石馆（2010 年）　闻鹤松　提供

双丰村　位于金港镇东北部，与德积集镇毗邻。东与永兴村、小明沙村、北荫村接壤，南与福民村相邻，西邻江苏扬子江国际化学工业园，北濒长江。村名由双土地庙的“双”和丰亨片的“丰”组合而成。氨纶纺纱业是该村的支柱产业。2015 年年末，全村总面积 2.92 平方千米，其中耕地面积 44.5 公顷。居民 1547 户，人口 4143 人，总资产 1859 万元，经济总收入 555 万元。

北荫村　位于金港镇东北部，与德积集镇毗连。东连双丰村，南接福民村、江苏扬子江国际化学工业园，西、北濒长江。该村以自然村北荫沙而得名。2015 年年末，全村总面积 2.18 平方千米，其中耕地面积 89.1 公顷。居民 1555 户，人口 4550 人，总资产 6472 万元，经济总收入 638 万元。

社区

中德社区　位于金港镇中兴南路东侧。东至张家港保税区，南靠学田村，西接滩上村，北连中南社区。2004 年 3 月，中德社区成立，因区内中德新村而得名。主要安置大德、善政、晨阳、长埭等10多个村的拆迁户。社区建有1100平方米的综合服务中心。2015年年末，中德社区占地面积0.17平方千米，居民1670户，人口4639人，总资产2397万元，经济总收入281万元。

中港社区 位于金港镇中兴南路西侧。东与张家港保税区相望，南与中南社区毗邻，西与中苑社区接壤，北靠侯家港。因位于中港新村而得名。2003年1月，由中兴镇高东、大德、善政、大圩、柏木、中圩和三节桥等村的拆迁户组建而成。2015年年末，中德社区占地面积0.14平方千米，居民1260户，人口3339人，总资产1661万元，经济总收入302万元。

中南社区 位于金港镇中兴南路东侧。东临张家港保税区，南靠中德社区，西接滩上村，北连中港社区。因区内的中南新村而得名。2000年10月，由中兴镇9个村的部分拆迁安置户组建而成。2015年年末，中南社区占地面积0.15平方千米，居民1521户，人口5250余人，总资产1982万元，经济总收入303万元。

中苑社区 位于金港镇中兴南路西侧。东临安定社区，南接中圩社区，西连张家港村，北与永嘉码头毗邻。因原属中兴镇，旁有街道、花苑，故分别取“中”与“苑”两字命名。2015年年末，中苑社区占地面积2.55平方千米，居民1786户，人口4293人，总资产1804万元，经济总收入426万元。

中兴社区 位于长江中路北侧，东接张家港保税区，南至长江中路，西至中兴北路，北至中兴老街。因区内中兴新村而得名。居民主要来自中兴乡高东村、善政村、大德村的部分拆迁安置户等。2015年年末，中兴社区占地面积0.12平方千米，居民905户，人口2671人，总资产1043万元，经济总收入214万元。

安定社区 位于金港镇中兴南路东侧，东临中港社区，南至三节桥港，西至中兴南路，北至侯家港。因安定新村而得名。1992年6月，由张家港保税区拆迁户组建而成。2015年年末，社区占地0.08平方千米，居民1059户，人口3818人，总资产1011万元，经济总收入197万元。

中圩社区 位于金港镇中兴南路西侧，与安定社区相邻，南至通贸西路，西至中圩岸，与中圩村相连，北至从善西路。因中圩新村而得名。中圩社区主要安置大圩村、中兴村的拆迁户。2015年年末，中圩社区占地0.4平方千米，居民1785户，人口4860人，总资产2240万元，经济总收入417万元。

海港社区 位于金港镇西北部。东至保定路，南至长江中路，西至香山路，北濒长江。因海港新村而得名。2015年年末，海港社区占地面积0.06平方千米，居民1181户，人口 3270 人。该社区由政府全额拨款。

金润社区 位于金港镇中部。2013 年 3 月，由金港湾、锦绣金港、攀华豪苑、江南公寓、紫金国际和阳光绿城 6 个商品房小区组建而成，因紧邻大润发金港店而得名，是纯商品房社区。2015 年年末，金润社区占地面积 0.58 平方千米，居民 4623 户，人口 1.23 万人。该社区由政府全额拨款。

金都社区 位于金港镇东南部，处于晨丰路、金港路和老张杨路交汇处。东临金港路，西靠中港路，南至蟠港东路，北抵晨港路。2014 年 2 月，由金港镇 20 多个村（社区）的拆迁户组建而成。2015 年年末，金都社区占地面积 33.64 平方米，建筑面积 64.83 万平方米，居民 2600 户，人口 6500 人。该社区由政府全额拨款。

南沙社区 位于金港镇中南部。东与柏林村相邻，南和东山村相连，西接香山，北依 338 省道。2015 年年末，社区占地面积 0.8 平方千米，居民 1260 户，人口 4370 人。该社区由政府全额拨款。

后塍中心社区 位于金港镇东南部。东至高桥村、新塍村，南至新塍村，西至封庄村，北至学田村、三角滩村。2002 年 3 月成立。2015 年年末，后塍中心社区占地面积 4 平方千米，居民 2961 户，人口 9945 人，总资产 1796 万元，经济总收入 707 万元。

塍丰社区 位于金港镇封庄村境内。东临跃新河、南接 338 省道、西连金港路、北靠南横套河。2012 年 12 月，为了安置学田、封庄、柏林、双山、德积等地的拆迁户，成立塍丰社区。2015 年年末，塍丰社区占地面积 0.48 平方千米，居民 2376 户，人口 7955 人。该社区由政府全额拨款。

塍丰社区（2014 年） 苏栋汇 提供

元丰社区（2016 年） 潘建伟 提供

元丰社区 位于金港镇东北部。东至灿香路，南至德申路，西至环宇路，北至友邦路。因紧靠元亨路与永丰路，取元亨路的“元”、永丰路的“丰”组成社区名。社区居民来自原军民、德积、和字等 9 个村的拆迁户。2004 年 3 月，元丰社区成立。2015 年年末，元丰社区占地面积 0.3 平方千米，居民 2185 户，人口 9600 余人，总资产 1934 万元，经济总收入 755 万元。

德丰社区 位于金港镇东北部。东临思贤港，南靠天霸路，西接灿香路，北连友邦路。2006 年 12 月，由 11 个村部分拆迁户集中组建而成。2015 年年末，德丰社区占地面积 0.65 平方千米，居民 4550 户，人口 1.36 万人。该社区由政府全额拨款。

区位 交通

区位 金港镇位于张家港市西部，东临常熟市，西南接江阴市，北濒长江，与靖江市、通州市隔江相望。境内有张家港港、江苏省张家港保税区、国家 AAAA 级旅游景区香山风景区、东山村遗址，是张家港市沿江开发的重点区域之一。

交通 金港镇地处经济发达的长江三角洲要地，交通发达便捷。锡通高速公路、沿江高速公路、锡澄高速公路分别从镇域东侧、南侧、西侧穿过；张杨公路（338 省道）、晨丰公路、港丰公路、沿江公路、长江中路横穿镇域东西；港华路、中华路、金港路、

张杨公路（2013 年）　　苏栋汇　提供

长江中路（2013 年）　　苏栋汇　提供

江海路、香山路以及张家港运河纵贯镇域南北；长江航道位于镇域北侧。

若搭乘各地航班至上海虹桥、浦东国际机场或南京禄口国际机场，经沿江高速公路，2 小时车程可达张家港市区；若搭乘各地航班至苏南硕放国际机场，1 小时车程可达张家港市区；若搭乘各地列车至苏州、无锡，可分别经苏虞张一级公路、锡张高速公路或沙锡公路（228 省道），1 小时车程可达张家港市区。到张家港市区后，换乘 228 路东线、229 路东线、209 路公交车，1 小时以内车程可达金港镇。

2015 年年末，疏港高速公路基本建成[①]，建设中的沪通铁路从镇域东侧通过。

---

① 疏港高速公路已于 2016 年 11 月 16 日通车。

疏港高速（2016 年）　　苏栋汇　摄

自然地理

金港镇位于长江下游南岸，长江三角洲太湖平原北端，地质上受中生代燕山运动影响断裂沉陷。其中张杨公路南部为古陆，东部和东南部为平地，面积 18 平方千米，占镇域总面积的 13.68%；西部和西南部有香山、镇山、长山、凤凰山和稷山等小形山，属丘陵地带，为中生代燕山运动中残留在断块上的茅山余脉，面积 34 平方千米，占镇域总面积的 25.83%。张杨公路北部为新陆，自唐代至清代受长江流水夹带泥沙沿岸沉积形成平坦沙田，由石头沙、雷沟沙、东江沙、巫山沙、天台沙、善港沙、正兴沙、北阴沙、卵子沙和拦门沙等 20 个沙田组成，面积 79.62 平方千米，占镇域总面积的 60.49%。金港镇属亚热带季风性湿润气候，季风环流是支配当地气候的主要因素。镇域气候四季分明，光照充足，雨量丰沛，无霜期长，适应种植冬小麦、水稻、棉花和蚕桑等亚热带农作物。

境内地势南北地面高程相差较大。西自长山村的高峰，沿张杨公路向东至杨舍镇的闸上村一线以南地区，地势较高，高程为 5 ～ 8 米；这一线以北地区则由江中沙洲和边滩淤积而成，地势低平，高程为 3.5 ～ 5 米。境内河港密布，纵横交错，鱼、蟹等水产资源丰富，是长江南岸典型的鱼米之乡。

长期的人类活动，尤其是生产活动，影响着境内的地貌形态。采石使部分山丘改变了原来的面貌，有的被夷为平地，如镇山；有的形成了池塘，如小香山。为了抗御江潮，人们筑堤围圩，在沿江圩区留下了许多堤岸。堤岸一般高出地面 2 ～ 3 米，沿长江的主江堤岸高 8 ～ 9 米。

地貌

长山 旧名真山，位于金港镇西北部，是金港镇和江阴市的界山。明嘉靖《江阴县志·卷三·山川》记载："真山在县东北十八里，梁武帝时有女子修道得仙建至真观因名。《祥符图经》作甄山,《十道四蕃志》名石筏山，山下有石如牌悬江中，又名石牌山……" 长山西段属江阴市城东街道任桥村，东段属境内的长山村。境内的长山，东、西长约 1.5 千米，南北宽约 1 千米，海拔 90.4 米。20 世纪末，因长期大规模采石，虽然得到封山保护，但山体残破不堪。

香山 位于金港镇西南部，是金港镇和江阴市的界山。因形如卧牛，故有卧牛山之称。明嘉靖《江阴县志·卷三·山川》记载，相传因春秋时期吴王夫差出游途经此山携美人采香而得名。明地理学家徐霞客在《题小香山梅花堂诗五首》序中写道："山以吴妃采香名也。"

香山西北至东南长2.3千米，东北至西南宽约2千米，呈菱形状，占地2.5平方千米。香山各个山峰的高度大体均衡，为 100 米左右，最高峰海拔 136.6 米，东部主峰老虎背，是张家港市的最高点。山体呈东南向西北走向，南坡比较平缓，北坡险峻，山顶平地开阔，整个山体以沉积页岩为主，表面有风化黄土覆盖。

香山（2013 年） 朱德明 摄

香山有老虎嘴、采香径、藏军洞、桃花涧、烽火台等古迹，其中采香径、桃花涧、烽火台为张家港市文物保护单位，藏军洞为江苏省文物保护单位。香山东侧斜坡上的东山村遗址，距今约8000年历史，2013年5月，东山村遗址被列为全国重点文物保护单位。2014年4月，香山风景区被评为国家AAAA级旅游景区。

凤凰山 位于金港镇西部，是金港镇和江阴市的界山。明嘉靖《江阴县志·卷三·山川》记载:“凤凰山在县东二十里,《太平总类》云，晋太康元年，人有掘山者得石凤凰因以为名。”《江上诗钞·卷十三》有诗云:“凿石喧传得凤凰，争看岩际任翱翔。蟠龙相错增奇彩，盛德来仪颂圣王。”

境内凤凰山南北长1.9千米，东西宽0.9千米，占地1.71平方千米，海拔85.7米。山上建有烽火台，还有日军侵华时所筑的炮台。山的南部被村民长期采石，已为平地和深水潭。

稷山 位于金港镇西南部，是金港镇和江阴市的界山。清光绪《江阴县志·卷三·山川》记载:“在县东三十里，唐薛稷有别业于此”，故名稷山，也名薛山。山体东西长0.9千米，南北宽1.3千米，占地1.17平方千米，海拔90米。《江上诗钞·卷十三》有诗云:“高风别业在峰湾，薛稷幽居号稷山。啸傲烟霞谁作伴，顾淞墓碣许追攀。”该山因采石毁去近半，山上曾有彭山拥翠、小圃凝香等十景。山下曾有长洲（今苏州）翰林顾淞之墓。

河山 又名覆酒山，位于金港镇南部，因地处东横河南侧而得名。明嘉靖《江阴县志·卷三·山川》记载:“覆酒山，在县东三十里，其形如覆舟，俗呼为覆酒。按《祥符图经》又云曲阿有覆酒山。”河山主峰不超30米，占地约15公顷，地处古大桥镇境内，留有文人墨客游览河山的古诗和有关山名来历的传说。

稷山遗址（2014年） 张建良 摄

河山（2007 年）　　张建良　摄

巫山　又名浮山，位于金港镇西北部，北濒长江。该山东西长 0.5 千米，南北宽 0.3 千米，占地 0.15 平方千米，海拔 42.9 米。据清光绪《江阴县志·卷三·山川》记载："浮山在香山北，又名巫山，为江海门户，故曰巫子门。"巫山石壁峭立，平直如门，左右嶙峋对峙，各分 12 层，晚上下雨时景色奇特。《江上诗钞·卷十三》有诗云："石壁高分十二层，淋漓瀑布水云蒸。巫门夜雨传佳话，更见鸡冠旭日升。"1992 年 4 月，山顶建渡江战役登陆纪念碑。

巫山（2016 年）　　王佩　摄

水系

金港镇地处长江下游南岸，自西向东岸线长 31 千米。境内河道纵横交织，密如蛛网。横向的主要有东横河、南横套和北横套等河流；纵向的主要有石头港、张家港运河、雷沟港、蔡港、护漕港和太字圩港等河流。境内还有许多由沙田流漕形成的小型河港、长江漩涡留下的池塘和香山以南用于蓄水灌溉的池塘。1958 年，张家港运河开通后，境内河流水位通过张家港运河入江口的节制闸来调控。据金港镇水利部门统计，20 世纪中期，境内有大小河流 908 条，随着农业发展和水利建设，废旧河塘整合为农田，主干河道拓宽加深。至 2015 年年末，境内有市级河流 8 条，长 65.5 千米，镇、村河道 770 条，长 403.2 千米。其中，东横河是境内连接江阴市和常熟市的张家港市市级河道，南横套和北横套是利用潮汐进行灌溉及排涝的主干河流；石头港、雷沟港和蔡港等河港是联通东横河入长江的重要河道。

东横河 北宋天禧四年（1020）开凿。明嘉靖《江阴县志・卷三・山川》记载："横河自回塘堰接黄田港出东水关横亘东北境七十里达常熟界（含西横河长度）。"该河西起江阴春晖门，东达杨舍镇与盐铁塘相接，全长 27 千米，宽 34 米，流经境内 10.8 千米，属区域性河道。

南横套 又名南套河。清道光《江阴县志・卷三・山川河港》记载："横套河在蔡港、石头港诸港之北，盖是自沙洲增涨离江浸远，故于南北沙交界处疏凿此河。"该河西起三节桥，与张家港运河相通，东接永南河，全长 24.9 千米，境内长 8.3 千米，宽 24 米。清同治七年（1868），曹毓秀等疏浚南套河，使之能引流入江。1959 年，自三节桥西折北入长江的一段，成了张家港运河的一部分。

东横河（2008 年） 张建良 摄

南横套景观河（2014 年） 苏栋汇 提供

巫山港（2018 年）　　邱亚峰　摄

巫山港　又名巫子套，明嘉靖年间开凿。清道光《江阴县志·卷三·山川河港》记载："巫山港在巫山之西引江潮入横套河，套南为南沙，西为埠头港，分灌巫山新凝各沙小港。"该港东自张家港运河西侧的双山航运公司起，向西经巫山村、长山村，于长江村陈三圩岸东入江。1968—1969 年，国家投资拓浚，向东延伸，沟通张家港运河，又于入江口南建双向船闸一座，该港全长 2.75 千米，宽 50 米。

张家港运河　南北向，北入长江口，南至江阴北澜镇，境内长 8.86 千米，宽 120 米，底宽 60 ~ 80 米，深 20 米。1958 年 11 月，江阴县人民委员会组织开挖，1959 年 9 月，竣工通航。1968—1969 年，苏州地区水利局组织拓浚，向东延伸，经常熟、昆山，接吴淞江，为江苏省重要的区域性五级航道，常年可通航 300 吨级船舶。2011—2013 年，江苏省、苏州市航道部门在张家港运河段修筑钢筋混凝土驳岸，对航道进行整治、疏浚，为江苏省三级航道。境内可通航 800 ~ 1000 吨级船舶。

张家港运河（2015 年）　　苏栋汇　摄

石头港（2007年） 张建良 摄

石头港 明嘉靖《江阴县志·卷三·山川》记载：“石头港，自定山南三河口导长河而东北折经横河出镇山东入江。”该港入江口在镇山北麓，南接江阴市云亭长河。清朝时，云亭长河至东横河段改称白蛇港，东横河至入江口段仍称石头港。该港长5.1千米，宽15米。后多次拓浚，使北接南套河，弯北入长江。1958年开凿张家港运河时，石头港的北半段（自东山村朝东新住基起，至安利桥北入江口止）遂成为张家港运河的一部分。2015年，石头港南端还剩大桥横河入口至侯家桥段，长约800米。

蔡港 以东横河为界，分为南蔡港和北蔡港。明嘉靖《江阴县志·卷三·山川》记载：“蔡港在白龙山北，自白塘桥西引长河北至恩庄折而西又北折经横河入江。”蔡港原是一条古港，属江阴以东大港，港长20千米。该港位于金港镇东南部，南接东横河，向北经高桥村的金东湾流入南横套。1983年，拓浚蔡港，全长2.56千米，河面宽25米，底宽5米，深5米。平均水位3.3米，可通航10吨以下船舶。

护漕港 形成于清嘉庆中叶，原是条自然流漕，清道光元年（1821）拓浚。清光绪《江阴县志·卷三·山川河港》记载：“护漕港位于思贤港和永通港之间，北达大江计四百六十七丈[①]。”该港全长1.6千米，河底宽4米。1974年拓浚，南起德积村，流经天妃、福民、德丰、永兴4个村向北至双丰村北部出江，全长6.7千米。

太字圩港 形成于清中叶，是条自然流槽，南接南横套，经晨南桥向北，于德积镇东北部出江。清光绪《江阴县志·卷三·山川河港》记载：“泰字圩港[②]南至官工北达大江计七百丈[③]。”该港经过多次拓浚，全长12.6千米，金港镇境内长4.5千米。

① 四百六十七丈约合1557米。
② 新中国成立后，泰字圩港改称太字圩港。
③ 七百丈约合2333米。

太字圩港（2014 年） 邱亚峰 摄

严子港 清光绪八年（1882）由乡人严四麻子带头开挖，故名严四麻子港，后更名为严子港，属排灌船运两用河道。南接新农港，流经福民、双丰、北荫 3 个村，向北经洋滩港闸入江，全长 6.2 千米。

严子港（2014 年） 邱亚峰 摄

张家港节制闸（2014 年） 张建良 摄

张家港 明万历年间（1573—1620）由境内张家埭张氏率先开凿，后由江阴沙田局组织佃户拓浚，取名张家港。该港南起张家埭东头，北接南套河入长江。长 1.08 千米，宽 20 米。1958 年，开凿张家港运河时，张家港入江处的老夹口水道成为张家港运河入江口水道的一部分。

水文 金港镇地处长江河口段，长江水位受潮汐影响显著。张家港运河主干道的水位由张家港节制闸控制，水位控制在 3.6 米左右。1997 年 8 月 19 日，长江水位 7.45 米，为历年最高水位。2000 年 5 月 6 日，长江水位 1.8 米，为历年最低水位。境内地处中纬度地区，受天文潮汐影响显著。年平均潮位约 3 米，年平均高潮位 4.3 米左右，年平均低潮位 1.95 米左右。涨潮、落潮的潮差都在 2.35 米左右。涨潮历时 4 小时左右，落潮约 8 小时。潮位与上游水位及水量的关系密切。春末夏初，桃花盛开，雨季到来，长江上游水位迅速上涨，进入汛期，俗称桃花水。8 月中旬是汛期中的高峰，10 月进入小汛。整个汛期为 5—10 月，共半年。在张家港节制闸内，水位高度达到 5.3 米为警戒水位，5.7 米为危险水位。涨潮的时刻受风的影响较大。每逢东北风，潮水提前 1 小时；每逢西北风，潮水推迟 1 小时。每月农历十八的潮一般大于初三的潮。

气候 金港镇属亚热带季风性湿润气候，季风环流是支配当地气候的主要因素。镇域气候四季分明，光照充足，雨量丰沛，无霜期长。每年初春，上空冷暖气团活动频繁，天气时寒时暖，变化不定，时有强冷空气侵袭。这期间，降雨日和雨量都显著增加。春夏之交，常会出现冰雹、龙卷风等灾害性天气。夏季大体上自 6 月初至 9 月初（日平均温度在 22℃以上），历期 90 天左右。每年约在 6 月 16 日进入梅雨期，7 月 7 日左右出梅，然后进入盛夏。这期间，一般炎热多雨。6—8 月多雷阵雨。每 10 年有 5 次左右的伏旱天气。一般情况下 7 月为全年最热月。秋季大体上自 9 月初至 11 月初（日平均温度在 10℃ ~ 22℃），历期 60 天左右。一般情况下，初秋 9 月，是秋季连绵阴雨的集中期。中后期，冷空气日渐加强，秋高气爽，风小雨少，多日照，易形成秋旱。有些年份气温较高，会出现“秋老虎”天气。有些年份 10 月中旬至下旬会出现初霜、寒潮。冬季大体上自 11 月初至第二年 4 月初（日平均温度低于 10℃），历时 100 天左右。前期干冷少雨雪，后期阴冷多雨雪。一般情况下，1 月为全年最冷月，月平均温度 2.3℃。2 月，气温开始回升，但时冷时暖，很不稳定。

境内年平均气温 15.4℃，7—8 月最高，1 月最低。2001 年年平均气温最高，达 16.3℃，极端最高气温出现在 2015 年 8 月 3 日，为 38.4℃；其次出现在 1966 年 8 月 7 日，为 38.1℃。极端最低气温出现在 1964 年 2 月 26 日，为零下 11.3℃。2015 年 1 月 2 日，最低气温为零下 3.6℃。

境内年平均雨日 128 天，年平均降水量 1078 毫米。1987 年、2015 年雨日为 140 天，1995 年，雨日为 90 天。2015 年，降水量达 1894.3 毫米，1992 年，降水量为 720 毫米。2015 年 6 月 27 日，一日最大降雨量达 235.7 毫米。一年四季中，夏季平均降水量最大，达 503 毫米，占全年总降水量的 46.7%；冬季平均降水量最少，仅 143 毫米，占全年总降水量的 13.3%。其中，6 月平均降水量 195.6 毫米，占全年总降水量的 18.2%，月平均降水量最大；12 月平均降水量 33.2 毫米，占全年总降水量的 3.1%。

人口　姓氏

人口总量　清康熙三年（1664）至清末，金港镇境内人口保持在 3 万 ~ 5 万人。据民国《江阴县续志》记载，镇域有户籍人口7.08万人。新中国成立至20世纪60年代初，人口机械变动比较平稳。到了20世纪60年代中期，户籍人口增长较快。20世纪70年代后，国家实行计划生育政策，人口自然增长率逐年降低。1985年年末，境内户籍人口总量为14万人，其中非农业人口6654人。1978年，中共十一届三中全会以后，随着改革开放的不断深入，乡镇企业的发展和一些涉外单位在港区的设立，外来定居务工经商的人口日趋增多。2015年年末，金港镇人口总量32.89万人，其中户籍人口17.93万人，男8.86万人，女9.07万人，比1985年增长28.1%；外来暂住人口14.96万人，其中少数民族人口2847人。其中，苗族640人，彝族340人，白族319人，土家族306人，回族208人，壮族159人，傣族146人，侗族109人，布依族107人，满族84人，朝鲜族67人，蒙古族52人，傈僳族49人，哈尼族44人，仡佬族37人，瑶族33人，羌族31人，黎族18人，藏族17人，畲族10人，土族8人，佤族8人，纳西族7人，水族7人，仫佬族6人，阿昌族5人，景颇族5人，怒族3人，普米族3人，维吾尔族3人，布朗族2人，东乡族2人，拉祜族2人，撒拉族2人，达斡尔族1人、独龙族1人，其他民族6人。

流动人口 1979年前，境内人口流动主要是婚嫁迁入或迁出变动，少有外来流动人口。随着改革开放的深入，张家港港和张家港保税区产业基地的建立，境内外来流动人口逐渐增多，主要来自安徽、河南、四川、贵州、湖北和江苏北部等地。这些外来人口主要从事工业、服务业和商业。2003年，金港镇有外来暂住人口2.51万人。

2015年，域内除婚嫁人口变动外，有外来流动人口10.74万人。这些外来流动人口来自31个省、市、自治区。其中，安徽3.2万人、河南2.14万人、四川1.31万人、湖北7030人等。其中，从事农业的有501人，从事工业的有6.73万人，从事服务业的有1.86万人，投资经商的有4785人。

主要姓氏 2003年，金港镇常住人口以户为单位，有户主姓氏230余个。户数前十位的有陈、张、李、孙、王、黄、徐、朱、吴和周，其中陈姓户数最多，共有6320户。2015年，金港镇常住人口以陈、张、王、黄和李等10个姓氏为主，其中陈姓1.32万人；张姓有1.11万人，王姓有9099人，黄姓有7676人，李姓有7220人，超过5000人的姓氏还有孙、朱、徐、吴和周。

社会经济

综合实力 2003年8月，由港区、后塍、德积3个建制镇合并成立金港镇，原晨阳镇的晨阳、长埭等5个行政村同时并入。2003年，金港镇实现地区生产总值40.19亿元。农业总产值1.76亿元，占地区生产总值的4.38%。工业总产值20.9亿元，占地区生产总值的52%。服务业总产值17.53亿元，占地区生产总值的43.62%。2005年，综合实力在全国千强镇中名列第97位。

2008年，完成地区生产总值122.3亿元。农业总产值1.68亿元，占地区生产总值的1.37%。工业总产值65.52亿元，占地区生产总值的53.57%。服务业总产值55.1亿元，占地区生产总值的45.06%。

2015年，实现地区生产总值602.44亿元。第一产业生产总值3.69亿元，占地区生产总值的0.61%。第二产业生产总值306.51亿元，占地区生产总值的50.88%。第三产业生产总值292.24亿元，占地区生产总值的48.51%。在全国综合实力百强镇排名中名列第十，人均GDP达到20.17万元。

农业 2003年，农业总产值1.76亿元，占地区生产总值的4.38%。粮食作物种植面积5161.27公顷，粮食总产量3.04万吨；经济作物种植面积1619.8公顷，棉花总产量5吨、油料总产量687吨、蔬菜总产量3.88万吨。年产肉类9969吨（其中猪肉4540吨）、牛奶1550吨、禽蛋2019吨、水产品2531吨、水果1865吨。是年，全镇引进种养殖新品25个，新增大棚种植面积6万平方米，建有专业生产基地9个，无公害农产品4个。全年农作物总播种面积7030.5公顷。

2008年，农业总产值1.68亿元，占地区生产总值的1.37%。农作物播种总面积7008公顷，其中粮食作物播种面积5289公顷。小麦、水稻单产分别为332千克和547千克。粮食总产量2.44万吨、棉花总产量8吨、油料总产量541吨、肉类总产量3747吨（其

金港中央广场（2008 年） 季樱 提供

中猪肉 1388 吨）、牛奶产量 1076 吨、禽蛋产量 1790 吨、水产品产量 2359 吨。有绿色食品、无公害农产品 40 种。全年农作物总播种面积 7006.4 公顷。

2015 年，农业总产值 3.69 亿元，占地区生产总值 0.61%。粮食、棉花、油料、蔬菜、肉类、水产品产量分别为 2.93 万吨、6 吨、367 吨、2.94 万吨、2584 吨和 1894 吨。新增高效农业基地 158.12 公顷。大棚设施栽培种植面积 80.2 公顷。无公害农产品 11 种，绿色食品 16 种，苏州市级以上名牌农产品 2 种。全年农作物总播种面积 5865.8 公顷。

工业 2003 年，境内有工业企业 985 家，完成工业总产值 19.56 亿元，占地区生产总值的 48.67%。工业销售收入 92.57 亿元。镇域相继建办冷冻机械设备厂、精密机械厂、建材厂等多家企业。2003 年，金港镇氨纶纱工业异军突起，被中国纺织工业协会、中国棉纺织行业协会授予“中国氨纶纱名镇”称号。

2008 年，境内有工业企业 1315 家，工业生产总值 62.43 亿元，占地区生产总值的 51.05%。工业产品销售收入 332 亿元，工业利税 16.8 亿元。有纺织、机械、化工、冶金、酿酒等产业，有薄板、氨纶纱、钢管、黄酒、安赛蜜（AK 糖）、低温装备、锂离子电池电解液、轴承等工业产品。

2015 年年末，境内拥有工业企业 1901 家，工业生产总值 1427.43 亿元，占地区生产总值的 48.86%。传统产业主要有粮油、食品、纺织、服装、机电、化工等，新兴产业主要有新材料、新能源、新装备、新医药等。333 家规模以上工业企业全年实现工业总产值 977.88 亿元，主营业务收入 973.6 亿元，工业利税 60.98 亿元；47 家重点培育企业实现工业总产值 687.52 亿元，开票销售收入 681.88 亿元，入库税金 26.9 亿元，利税总额 53.45 亿元。开票销售收入超 1 亿元企业 130 家，其中超 10 亿元企业 22 家，超 30 亿元企业 6 家，纳税超 5000 万元企业 26 家。

江南建材商贸城（2009 年）　　季樱　提供

服务业　2003 年，金港镇有各类商业网点 2150 个，完成服务业总产值 17.53 亿元，占地区生产总值的 43.62%。2003—2005 年，境内相继建办万家隆商场德积店、金港中央广场，易地新建江南建材商贸城、金港农贸市场、港区粮油批发市场、香山农副产品批发市场等大型商场和集贸市场。2008 年，有以“长江鲜”驰名的酒店 11 家，三星级宾馆 4 家，集贸市场成交额 46.64 亿元。境内的香山风景区接待游客 5 万余人次。2008 年年末，有第三产业从业人员 4.6 万余人，完成服务业生产总值 55.1 亿元，占地区生产总值的 45.05%。

2015 年，境内有第三产业从业人员 8.11 万人，有化工品、粮油、纺织原料、名贵木材、进口汽车、进口消费品 6 大专业市场，有物流企业 340 余家，其中物流仓储企业 45 家，有各类规模商店 39 家，综合市场 17 个，住宿餐饮企业 6 家，其中三星级宾馆 2 家，四星级宾馆 2 家。服务业总产值 292.24 亿元，占地区生产总值的 48.51%。

大润发金港店（2013 年）　　严子洋　摄

金科廊桥天都（2014 年） 严子洋 摄

镇村建设 2003 年，金港镇设立。2005 年，金港镇公共建筑面积 46.61 万平方米，生产性建筑面积 129.45 万平方米。集镇区公路里程 667 千米，31 个行政村实现村村通公路。全镇电话装机率（含移动电话）13.58 万部，互联网用户 1.13 万户，自来水普及率 100%，生活用燃气普及率 98%，有线电视入户率 99%，排水管道覆盖率 98%，污水处理率 75%。2005 年年末，金港集镇区总面积 7.5 平方千米。

2008 年，全镇投入镇村建设资金 9.14 亿元，主要建设工程有：投资 1.5 亿元，用于长欣小区二期安置房建设工程；投资 8000 万元，用于新塍小区四期安置房建设工程；投资 1600 万元，用于金桥花园三期安置房建设工程；投资 400 万元，完成长 800 米、宽 27 米的塍东路工程；投资 170 万元，完成 1200 米的袁塍路改造工程；投资 250 万元，完成长 400 米、宽 27 米的港洋路改造工程；投资 380 万元，完成长 300 米，宽 15 米的中圩西路和侯家港桥的建设工程。新增柏林七房庄、朱家宕小区等一批地下式污水处理设施。2008 年年末，全镇公共建筑面积 53.5 万平方米，生产性建筑面积 29.3 万平方米。自来水普及率 100%，生活用燃气普及率 98%，有线电视入户率 99%，镇区道路铺设总面积 186 万平方米，垃圾无害化处理率 100%，污水处理率 75%。

阳光绿城（2016年） 潘建伟 提供

2011年5月，金港污水处理厂动工建设，2012年竣工，日处理污水5万立方米。该厂位于江海路东侧，镇山路南侧，占地2.4公顷，主要收集港区、南沙、后塍及新城区的生活污水，服务面积达130平方千米。

2013年，郁家埭、陆家巷、肖家庄3个自然村通过江苏省三星级康居乡村验收；巫山村、滩上村等4个村通过苏州市生态村验收；长江村被列入苏州市美丽村庄示范点。

2015年，境内有集镇5个（双山集镇于2011年年底划出），建成区总面积46.09平方米，其中中心镇区面积7.6平方千米。全年新开工安置房31.64万平方米，竣工78.06万平方米2300套。商品房建设主要有总投资8亿元的廊桥雅苑、廊桥美墅以及金成小区、金都花苑配套服务用房工程。道路建设总投资3.95亿元，用于晨丰公路、殷家埭路、崇真路、兴港路、勤政路等15条公路的新建、改造工程。金港镇投资2000万元用于老住宅小区修缮及环境整治，投资850.3万元用于山北村社区服务中心建设工程，投资5304万元用于新城区小学及幼儿园建设工程，投资1651万元用于南横套景观建设工程，投资2100万元用于张家港大桥改建工程，投资6340万元用于老住宅区、城中村雨污分流、生活污水纳管工程，投资2985.44万元新建供水管道3.78万米、改造供水管

长江村幸福家园（2009 年） 潘建伟 提供

道 5.5 千米，投资 1823 万元疏通镇级河道 16 条，投资 6566 万元建农桥 13 座、排涝站 10 座、圩口闸 6 座，投资 6291 万元整治生态河道 8 条、污染河道 22 条。袁家桥村严家巷、吴家巷、王家巷通过江苏省美丽村庄示范点验收，长江村获评“江苏最美乡村”称号。康居乡村建设达标率、村庄环境整治达标率 100%。公共自行车延伸到后塍、南沙、德积办事处，有 29 个点位、618 个锁柱。拆除农户违建 81 户、企业违建 46 家。金港

长山村怡馨苑小区（2015 年） 黄强 提供

江海大桥（2015 年） 王佩 摄

镇投资 5900 万元完成公共建筑面积 2.03 万平方米，投资 1.83 亿元完成生产性建筑面积 10.29 万平方米，公共绿地面积 628 万平方米。截至 2015 年年末，全镇有线电视入户率 100%，居民用燃气覆盖率 100%，自来水普及率 100%，排水管道覆盖率 100%，污水处理率 85%，垃圾无害化处理率 100%。

教育 2003 年，金港镇有学校 26 所，在校学生 29530 人，教师 1388 人，另有幼儿园 9 所。2008 年，金港镇先后投入 1200 万元，用于教育基础设施的完善和设备添置，11 所中小学通过苏州市教育现代化学校创建考核验收。2013 年，后塍高级中学迁入滨江新城新校区，并更名为崇真中学。

2015 年，金港镇有中小学、幼儿园 23 所，其中高中 1 所、初中 4 所、小学 11 所（其中村小 1 所，新市民子女学校 2 所）、幼儿园 7 所，在职教师总数 1143 人，其中中学教师 530 人，小学教师 476 人，幼儿教师 137 人。在职教师中，有研究生学历的 45 人，本科学历 745 人，大专学历 97 人，有正高级职称 1 人，副高级职称 174 人，中级职称

徐玲公益读书讲座（2013 年） 潘建伟 提供

青少年心灵氧吧（2016 年） 潘建伟 提供

719 人。全镇有退休教师 661 人。高中、初中、小学、幼儿园学生分别为 1232 人、4100 人、14029 人、7490 人。金港中心小学、南沙小学、中兴小学、港区初级中学、后塍学校、新塍小学、德积幼儿园 7 所“美丽学校”通过创建验收。提供新市民子女公办学位 6000 余个。为学生成长建立了“青苹果之家”“徐玲公益书屋”“青少年心灵氧吧”三大优质教育平台。

卫生 2003 年，金港镇有医院 4 家，卫生室 64 个，医生 540 人，病床 681 张。参加农村新型合作医疗 82816 人。2007 年，创建九洲老年专科医院。2008 年，全镇有医院 4 家，社区卫生服务站 47 个。为村干部、镇机关干部和 60 岁以上老年人进行体检，并建立个人健康档案。投入近800万元的港区社区卫生服务中心搬迁改造，中圩社区服务站改造及金港爱心献血屋改造工程竣工并投入施用。

2015年，金港镇有医疗卫生机构68个，其中医院5家，社区卫生服务站35个。所有社区卫生服务站都创建成慢性病防治社区卫生服务站，其中18个社区卫生服务站创建成苏州市示范社区卫生服务站。有主任医师9人，副主任医师74人。各医院分设普通门诊和急诊，有中医和西医，设内科、外科、妇产科、五官科、皮肤科等科室，有B超室、放射室、CT室、核磁共振室、胃肠镜室、化验室、手术室、中药房、西药房、住院部等。

文体　新中国成立前，南沙、后塍等地有调龙灯、舞狮子、踩高跷、练武术、举石担、唱山歌、演滩簧等传统文体活动。新中国成立后，境内文化站、影剧院、广播电视站等文化机构纷纷建立，文化设施不断完善，各类文体活动久兴不衰。1978年后，群众性体育活动蓬勃开展。1994年11月、1995年8月，金港镇先后在南沙镇体育馆举办“东渡杯”全国女子举重冠军赛、“东渡杯”亚洲青年女子举重锦标赛、牡丹杯第九届亚洲青年男子举重锦标赛。1995年，南沙举重学校成立，时任国际奥委会副主席何振梁为学校

第六届香山文化艺术节开幕式（2009年）　　季樱　提供

保税区（金港镇）第九届香山文化旅游艺术节（2012 年）　　潘建伟　提供

题词“举重之乡”。1996 年 8 月、9 月，又分别承办了“96CCTV 杯”中国乒乓球擂台赛第 23、24 场比赛。2003 年，全镇有文化站、图书馆 7 个，体育场馆 1 个。2008 年，全镇有文化馆、图书室 30 个，体育场馆 1 个。南沙举重馆、后塍文化中心等现代化文体设施相继投入使用。2012 年，南沙举重馆成为江苏省举重训练基地。21 世纪初，香山文化艺术节，千人登山活动，各类举重、篮球、乒乓球、自行车等比赛活动精彩纷呈。

“东渡杯”全国女子举重冠军赛（1994 年）　　徐婷　提供

何振梁题词 徐婷 提供

南沙举重馆落成（2012 年） 潘建伟 提供

南沙举重馆外景（2013 年） 潘建伟 提供

南沙举重学校获得世界级举重比赛第一、第二名统计表

表 1

时间	姓名	性别	级别（公斤）	成绩（公斤）	名次	比赛名称	比赛地点
1994.7	冯明	男	64	抓举 135	—	世界青年举重锦标赛	印度尼西亚
				挺举 170	第一名		
				总成绩 305	第二名		

续表 1

时间	姓名	性别	级别（公斤）	成绩（公斤）	名次	比赛名称	比赛地点
1995.7	冯明	男	64	抓举 137.5	第二名	世界青年举重锦标赛	波兰华沙
				挺举 165	第一名		
				总成绩 302.5	第一名		
1996.3	冯明	男	64	抓举 140	第一名	国际举重邀请赛	保加利亚索非亚
				挺举 157.5	第一名		
				总成绩 297.5	第一名		
2002.5	刘海华	男	69	抓举 145	第二名	第二十八届世界青年举重锦标赛	捷克
				挺举	—		
				总成绩	第二名		
2007.8	刘海华	男	77	抓举 160	第一名	世界大学生举重比赛	秘鲁
				挺举 185	第一名		
				总成绩 345	第一名		
2007.11	刘海华	男	77	抓举 160	第一名	举重世界杯	萨摩亚
				挺举 180	第一名		
				总成绩 340	第一名		
2012.11	陆浩杰	男	77	抓举 170	第二名	2012 年伦敦奥运会	英国（伦敦）
				挺举 190	第二名		
				总成绩 360	第二名		
2015.9	陆浩杰	男	85	抓举 165	—	世界举重大奖赛	福州马尾
				挺举 200	—		
				总成绩 365	第一名		

2015 年，金港镇围绕第十二届香山旅游文化艺术节开展“梦圆香山”精品展演、“翰墨香山”书法大赛、“炫舞香山”广场舞大赛、“武韵香山”武术舞蹈擂台赛、“激情香山”马拉松比赛等活动。同时开展节日文化、网络文化、文化志愿等活动，先后获得“全国亿万农民健身活动先进镇”“全国乡镇体育健身示范工程”“江苏省体育强镇”等荣誉称号。

2002—2015 年香山旅游文化艺术节一览表

表 2

届次	时间	艺术节主题	主要活动内容
第一届	2002	倡导文明新风和健康生活方式	“十佳风采”板报展、“颂歌献给党”大型歌咏会和“情满社区”广场文艺等 6 项活动
第二届	2005	弘扬金港武术之乡精神	单刀、双刀、绳镖等器械表演和地方民间原始武术套路表演等
第三届	2006	和谐金港	举重、航模、沙包接力赛（抗洪抢险）、健身操、健美、球类、棋类等 48 个比赛项目

续表 2

届次	时间	艺术节主题	主要活动内容
第四届	2007	人文金港	“青春放歌”新市民青年歌手比赛、“美在金港”中小学生征文比赛、“梦里水乡”书画摄影比赛等 8 个系列的文化艺术表演活动
第五届	2008	金港镇第五届文化艺术节暨双山百年庆典	“垂钓月”“摄影展”“号子山歌大比拼”等 11 个系列的文化艺术表演活动
第六届	2009	第二届全民运动会暨金港镇第六届香山文化艺术节	运动会设置田径、篮球等 16 类 68 个比赛项目。艺术节有书画赛等 8 大类表演和比赛
第七届	2010	激情十月，奔腾金港	“和谐人家”家庭才艺赛、“相约金港、唱响未来”新市民歌手大奖赛和“激情十月”舞蹈大赛等八大特色文化系列活动
第八届	2011	风华香山	舞蹈、小组唱、武术等特色节目再现了金港镇的古老历史和精神传承
第九届	2012	这一方热土如此辉煌	“我的金港，我的家”新市民才艺大赛、“拥抱自然，结缘香山”大型香山游览观光和“20 年征程，20 年辉煌”书画摄影展等十大类表演及比赛
第十届	2013	传承香山文化，开发新资源，推动文化旅游事业的发展	“梦萦香山”征文赛、“美丽香山”书画赛、“武韵香山”武术舞蹈大赛和“香山好声音、放歌中国梦”歌唱比赛等活动。
第十一届	2014	推进文化旅游产业，打造特色文化乡镇，实施文化惠民活动。	“欢乐进万家”文艺巡演、“水墨香山”书画展、“欢乐香山·重阳登高”和“武韵香山”区镇武术、舞蹈擂台赛等活动
第十二届	2015	传承香山文化，建设“靓丽保税区、幸福大金港”	“梦圆香山”表演、“翰墨香山”书法大赛、“炫舞香山”广场舞大赛和“激情香山”半程马拉松比赛等活动

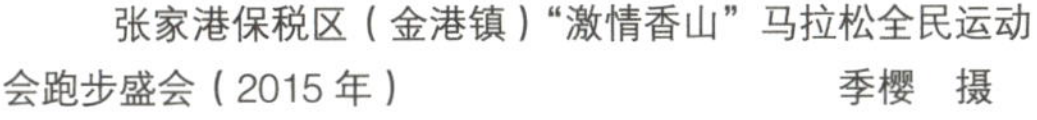
张家港保税区（金港镇）“激情香山”马拉松全民运动会跑步盛会（2015 年） 季樱 摄

江苏省文明旅游倡导工程暨“为中国加分”文明旅游公益行动（江苏）启动仪式（2016 年） 顾敏 提供

居民生活　中共十一届三中全会前，经过土地改革和农业合作化运动，金港镇经济有所发展，农民生活有所改善，但仍以农业经济为主。三年困难时期和“文化大革命”时期，村民生活水平没有大幅提高，农村大部分人家住茅草房，吃的是自产的粮食蔬菜，穿的多为粗布衣服，出门以步行为主。

中共十一届三中全会后，改革开放带动了社队工业迅速发展，青壮年农（居）民陆续进厂做工，经济收入不断增长，生活条件不断改善。20 世纪 80 年代，经济收入增长的农民开始建造楼房，90 年代中期，金港镇开始出现别墅，至 90 年代末，境内二三层楼房已很普遍，人民生活水平普遍提高，鸡鸭鱼肉成为家常菜，有线电视、自来水进村入户，电视机、电风扇、洗衣机、空调普遍使用。

2005 年，境内农民人均纯收入 9110 元，居民人均住房面积 40.5 平方米，自来水普及率 100%，生活用燃气普及率 98%，有线电视入户率 99%。全镇参加农村养老保险人数 3.33 万人，参加农村新型合作医疗人数 10.79 万人，享受居民最低生活保障人数 4384 人。城镇养老、医疗、失业三大类保险覆盖率均为 95% 以上。

2010 年，境内农民人均纯收入 1.57 万元，人均住房面积 54 平方米。区镇帮助 2950 名失地农民、农村富余劳动力就业。1.71 万名老年人享受老年农（居）民补贴，7308 名超龄人员纳入城镇养老保险体系。保障 1162 户、2309 名低保人员以及 211 名低保边缘困难群众的基本生活，财政贴补 300 余万元。全年为 35 户贫困户新建和修理房屋 95 间，发放临时救助金 93.82 万元。参加基本医疗保险人数 9.06 万人，2434.56 万元医疗保险

重阳活动（2016 年）　　苏栋汇　提供

基金足额到账。住房公积金扩面 5089 人。张家港市、金港镇两级慈善助学 793 人，发放助学金 191.8 万元。2010 年后，境内购买小轿车的户数不断增多。

2015 年，金港镇农民人均纯收入 3.2 万元，人均住房面积 56 平方米。金港镇春节慰问 2.7 万户、7 万人次，发放慰问金 2500 万元。保障 632 户 987 名低保人员及 172 名重病困难对象等困难群众的基本生活，财政补贴 1014.25 万元。张家港市、金港镇补金额 4.1 万元为贫困户新建和修理房屋 6.5 间，为“安居工程”动迁户补贴金额 5.48 万元。全年提供就业岗位 1.27 万个，开发公益岗位 181 个，培训扶持创业 125 人。特困家庭劳动力、应届特困毕业生就业率 100%。发放尊老金 444.65 万元。完成残疾人居家无障碍改造，惠及 499 人。住房公积金扩面 6205 人。张家港市、金港镇两级慈善助学 264 人，发放助学补助金 87.3 万元，惠及学生 264 人。共享阳光慈善助学活动发放助学补助金 81.05 万元，阳光午餐补助 6.25 万元。区镇有养老服务机构 4 家，床位 730 张，有居家养老服务中心 3 家，居家养老服务站 20 家，老年关爱之家 5 家。张家港亲情（虚拟）养老院金港分部服务政府援助对象 2864 户，上门服务 2844 人。2015 年年末，区镇就医门诊结报人数 55.02 万人次，合计报销 1564.39 万元；住院结报人数 1.46 万人次，合计报销 7155.63 万元；救助人数 2.57 万人次，救助金额 560.71 万元。是年，有线电视入户普及率、自来水普及率、居民用燃气普及率均为 100%。全年新开工安置房 31.64 万平方米，竣工 278.06 万平方米，完成分房 2300 套。

区镇领导重阳节慰问百岁老人（2016 年） 王佩 摄

健康端午·志愿荧光跑（2018 年）　　苏栋汇　提供

张家港保税区

全国唯一的内河港型保税区，国家长江经济带转型升级示范开发区、国家生态工业示范园区……在这些闪亮的金港名片背后，折射出的是江尾海头的区位优势、港口水路交通的便捷畅达和临港制造业的集聚集群效应。

智慧、前沿、生态，这三个简单的词，浓缩了张家港保税区20多年的发展历程，也凝聚着金港人的聪明与才智、激情与创新。

张家港保税区全景图（2009 年） 张慧芬 摄

张家港保税区地处长江三角洲经济核心地带，沿江邻港，是全国内河港型保税区，江苏省海关特殊监管区，也是江苏省保税港区。

1990 年，中共中央、国务院作出开发开放上海浦东的重大决策，1991 年，张家港市委、市政府为加速与上海浦东开发接轨，充分发挥张家港的地理优势、港口优势和工业优势，以设立保税区作为城市发展战略突破口，向苏州市、江苏省人民政府提出在张家港设立保税区的请示。1992 年 10 月 16 日，国务院正式批准设立张家港保税区。张家港保税区东至十字港，西、南至老套港，北至长江江堤，规划面积 4.1 平方千米，起步面积 2 平方千米。张家港保税区设对外贸易、保税仓储、出口加工 3 个功能区，附有国际金融、房地产和管理服务 3 个辅助功能区。

1992 年 6 月，张家港保税区拉开建设的帷幕。至 1994 年年末，完成保税区的拆迁安置、隔离网围筑、海关监控楼建设及“五通一平”（路、电、供水、排水、通信、土地平整）等基础设施建设，新建通往保税区的专用公路、自来水厂、变电所等。保税区内 40 米宽、2 千米长的十字形中心大道，分别与 5 条 24 米宽、3 千米长的支干道相连，形成以金港路、北京路、上海路等为主的“三纵三横”路网及功能分区格局。

保税区隔离网内设置以国际贸易为主的功能区：中部为国际贸易和国际金融区，东部为仓储区，西部、南部为出口加工区，北部为行政管理区。隔离网外，设置配套的辅助功能区：西侧为居民住宅区，北侧为办公管理、金融贸易、商业服务等为主的配套功能区，东侧为化学工业园区。

1993 年以来，国家外汇管理局江苏省分局、江苏省税务局、江苏省政府、海关总署、江苏省进出口商品检验局、国家质量监督检验检疫总局先后发文，对张家港海关关税、企业税费、业务运作、金融、外汇等作出各项优惠政策。其中，企业所得税法定税率为 25%，张家港保税区享受地方留存部分“两免三减半”优惠政策，即第一、第二年免税，第三年至第五年减半；增值税法定税率为 17%，张家港保税区第一年至第十年度按入库税金的 10% 给予补助，满 10 年后按入库税金的 5% 给予补助。

张家港保税区管委会利用保税区的区位优势和优惠政策，不断优化投资环境，广泛开展招商引资，很快成为中外客商踊跃投资的热点。外国公司不断集聚，本土企业迅速崛起。至 1998 年，张家港保税区初步形成以东海粮油、统清食品为龙头的食品加工产业群体，以雪佛龙、陶氏化学、南港橡胶为龙头的化工加工产业群体，以光王电子、顺德电子为龙头的电子加工产业群体。1999—2002 年，天宇毛纺、澳丰毛纺、意通化纤、协友毛纺等企业先后建办。至 2002 年，张家港保税区形成化工、粮油、纺织、机电四大产业。2003 年，张家港保税区规划 1.53 平方千米土地，用于发展以化工物流为特色的物流业。至 2005 年年末，张家港保税区形成化工、粮油、机电、纺织、物流五大主导产业。2007 年，张家港保税区实现业务总收入 1483 亿元，地区生产总值 127.92 亿元，进出口贸易额 68.2 亿元，财政收入 22.72 亿元。业务总收入、地区生产总值、实际利用外资在全国 13 家保税区中名列前茅。

张家港保税区成立后，随着经济发展的需要，经历了多次功能体制的变革。2001 年 5 月，江苏扬子江国际化学工业园设立，作为保税区的配套工业区，其致力发展现代化工产业。2004 年 8 月，张家港保税物流园区经国务院批准设立，实现了“区港（张家港保税区、张家港港）联动”，拓展了保税区功能，促进了物流业发展。2008 年年底，经国务院批准，张家港保税区、保税物流园区转型升级为张家港保税港区，政策更优

张家港保税区（2016 年）

张家港保税港区（2013 年） 王佩 摄

惠、功能更齐全、通关更便捷。同年 9 月，张家港保税区与相邻的金港镇实行“区镇合一”管理体制，保税区的发展空间扩大到 131.62 平方千米，构建了区港城（保税港区、张家港港、滨江新城）联动发展新格局。

经过 20 多年的发展积累，张家港保税区已成为长江流域重要的国际资本承载区、现代产业集聚地和大宗商品集散中心，先后被评为国家长江经济带转型升级示范开发区、中国最具投资潜力经济园区第四名、国家生态工业示范园区、江苏省文明开发区。2015 年完成地区生产总值 602.44 亿元，工业开票销售 1093.83 亿元，完成全口径财政收入 80.36 亿元，其中公共财政预算收入 37.66 亿元，入库税收 76.74 亿元，实际利用外资 2.65 亿美元，进出口总额 116.8 亿美元，地区生产总值占张家港市生产总值的 27%，初步实现了高端制造业与现代服务业的双轮驱动、内外资本的融合发展、产业的转型升级与科技创新。主要经济指标和科学发展水平在全国 13 个保税区、14 个保税港区中位居前列。

王佩 摄

产业园区

张家港保税区自成立以来，利用自身的区位优势和政策功能优势，筑巢引凤，外招内吸，不断引进、培育、壮大重大项目。投资者看好长江沿线良好的投资环境和中国巨大的市场，纷纷在保税区及其周边投资兴业，外资企业、国有控股企业、民营企业竞相进驻。张家港保税区管委会因势利导，科学规划，设立江苏扬子江国际化学工业园、张家港保税物流园区、江苏张家港环保新材料产业园、江苏扬子江重型装备产业园等产业园区。

江苏扬子江国际化学工业园

2001 年 5 月，江苏扬子江国际化学工业园（简称扬子江化工园）经江苏省人民政府批准设立，位于金港镇境内，是江苏省张家港经济开发区的一部分。园区规划面积 24 平方千米，集中发展现代化工产业，是张家港保税区最早设立的特色产业园。园区基础设施建设累计投入近 100 亿元，建有变电所、热电厂、自来水厂、污水处理厂、公共管廊、热网管线、绿化景点等配套设施，实现包括供水、排水、电、路、通信、宽带、蒸汽、天然气、土地平整等在内的“八通一平”，拥有化工专用码头 4 座、15 个泊位（含内港池泊位），其中万吨级以上泊位 7 个，年吞吐能力超 2000 万吨。液体化工储罐达 200 万立方米，年仓储能力 450 万吨。美国陶氏、道康宁、杜邦、优尼科，日本住友化

江苏扬子江国际化学工业园（2007 年）　　潘建伟　提供

学、住友商事、旭化成，德国瓦克、梅塞尔，挪威佐敦等世界 500 强企业和国内外知名化工企业先后进驻。园区集聚了多家国际化工巨头，引进世界一流化工生产技术，建有有机硅、润滑油、特性材料一体化生产等产业基地。园区以发展循环经济为主线，围绕丙烯深加工、有机硅、锂离子电池、高性能材料、精细化学品、聚氨酯、煤气化、基础化学品（氯碱、硫酸和纯碱）、苯乙烯深加工等 9 条产业链，形成了物流、交易市场和工业生产三位一体的价值链，2010 年，获评“全国首批生态工业示范园区”，2014 年，获评中国化工园区 20 强。至 2015 年，园区累计入驻企业 77 家，其中世界 500 强企业 19 家，世界化工企业 50 强 11 家，在全国 490 余家重点化工园区中排名第 9 位，实现销售 568.7 亿元。

有机硅产业基地 2010 年 11 月，由美国道康宁化学公司和德国瓦克化学公司合资建办的道康宁—瓦克张家港有机硅综合生产基地正式建成投产。该基地占地面积 100 公顷，总投资 18 亿美元，是国内较大的有机硅综合生产基地，也是世界先进的有机硅综合生产基地之一。基地拥有道康宁和瓦克合资建办的硅氧烷工厂和气相二氧化硅工厂，以及双方独立运营的有机硅下游产品生产工厂。该项目 2006 年开始建设，一期项目于 2008 年投产。硅氧烷和气相二氧化硅年生产能力可达 21 万吨。道康宁、瓦克公司采用世界级标准进行规划和建设，引入先进的生产工艺和技术，实行综合生产。硅氧烷工厂向气相二氧化硅工厂提供原料氯硅烷，而气相二氧化硅工厂的副产品氯化氢则用于硅氧烷生产，形成上下产业链，有利于减少排放和物流，提高生产效率。产品广泛应用于太阳能、电子、制药、建筑、汽车等领域。2015 年实现销售额 72 亿元。

润滑油产业基地 2014 年 4 月，润滑油产业基地培土奠基，由世界四大润滑油添加剂生产商之一的美国润英联公司建办。该基地总投资 4 亿 ~ 5 亿美元，占地面积 10 公顷，润英连独资生产、销售高档润滑油和燃料油复合添加剂。产品广泛应用于汽车发动机、

道康宁（张家港）有限公司（2010 年） 潘建伟 提供

船舶、机械、石油化工等领域。基地一期生产能力10万吨，产品为高档润滑油复合添加剂，2015年竣工投产并完成销售额5.33亿元。

霍尼韦尔特性材料一体化生产基地 2013年10月，霍尼韦尔特性材料和技术集团张家港生产基地开工建设，总投资约10亿美元，占地约30公顷，是霍尼韦尔在亚太地区重要的一体化生产基地。基地分期投资建设催化剂、吸附剂、制冷材料、树脂材料、特种纤维以及电子化学材料等一系列高科技高附加值项目，同时引进多家上下游产业链配套企业，形成一个新的产业集群。

2014年10月，霍尼韦尔特性材料和技术集团张家港生产基地的特性材料项目竣工，投资总额1亿美元，用地面积10公顷。生产高性能催化剂，可将霍尼韦尔旗下环球油品公司2000吨丙烷脱氢，转化成生产塑料制品的重要原料丙烯，在全球丙烯供应趋紧的情况下，满足中国市场的需求。2015年4月，霍尼韦尔特性材料和技术集团张家港生产基地的首个分子筛项目建成投产。该项目由霍尼韦尔与上海华谊集团合资企业——上海环球分子筛公司出资兴建。项目投资额2.5亿美元，年产5700吨分子筛，产品主要用于石油、化工及大气治理等方面。2015年，项目实现销售7.49亿元。

霍尼韦尔特性材料和技术（中国）有限公司（2015年） 王佩 摄

江苏张家港保税物流园区 2004年8月，国务院批准设立张家港保税物流园区。经过半年多的筹建，2005年1月，张家港保税物流园区顺利通过海关总署、财政部、国土资源部等六部委的联合验收，成为继上海、大连之后第三家正式封关运作的保税物流园区。

保税物流园区具有国际中转、国际配送、国际采购、国际转口贸易四大功能，享受保税相关政策，即国内货物进入园区视同出口，办理报送手续，实行退税；园区货物内销，按货物进口的有关规定办理报关手续，货物按实际状态征税；区内货物自由流通，不征增值税和消费税。

江苏张家港保税物流园区面积 1.53 平方千米，是全国面积较大的保税物流园区。园区分东区和西区。东区面积 0.64 平方千米，东至长江北路，南至北海路，西至长江江堤，北至东华路，是一个液体化工品和固体化工品仓储及分拨中心，建有 2 个万吨级化工泊位、80 万立方米化工储罐以及 20 万平方米的物流仓储库。西区面积 0.89 平方千米，东至十字港，南至长江东路，西至宝岛路，北至长江江堤，是一个涵盖集装箱、件杂货、液体化工、散货的综合性物流园区，建有 4 个万吨级泊位和 1 个 5000 吨级泊位，60 万立方米储罐，9 万平方米仓储库。

张家港保税物流园区利用江尾海头的区位优势和政策功能优势，吸引了中外物流企业踊跃投资入驻，荷兰孚宝、世天威、博斯勒、美国顺兴、意大利曾亚、澳大利亚米歇尔、中国香港嘉里大通、香港金昊、中国外运、上海东南物流等知名物流企业纷纷落户，带来了先进的物流管理理念和技术。2005 年，园区进出区货物总量 225 万吨，海关征税 11.2 亿元，在全国已封关运作的保税物流园区中位居前列。2011 年，园区进出区货物总量跃升至 1081 万吨。2015 年，园区入驻物流企业 100 余家，物流销售 85.65 亿元。

江苏张家港环保新材料产业园

2010 年 6 月，经江苏省商务厅批准，江苏张家港环保新材料产业园正式成立。环保新材料产业园位于张家港保税区东侧，园区面积 11.04 平方千米，一期启动面积 2.27 平方千米。主要从事研发新材料、新能源、新医学、新通信、新环保等“五新”产业。园区内，张家港保税区科技创业园于 2011 年 4 月经江苏省科学技术厅批准设立，占地面积 6.87 公顷，建筑面积 14 万平方米，内有研发生产大楼、实验室、生产车间、办公室等设施，

江苏张家港环保新材料产业园（2016 年） 王佩 摄

江苏斯威森生物医药工程研究中心有限公司合成实验室（2016 年） 苏栋汇 提供

主要孵化培育产业包括集成电路、传感器，智能制造，生物医药、精准医疗，节能环保、清洁能源以及战略新材料。科技领军人才项目可以在园内筑巢孵化，并进行小规模生产。2015 年，科技创业园人才企业完成销售超 6 亿元，税收 3000 万元，其中销售超亿元企业 3 家，超 5000 万元企业 8 家，超 1000 万元企业 16 家。新能源锂电产业基地、光学膜产业基地、页岩气新材料综合利用研发生产基地坐落在江苏环保新材料产业园区。

新能源锂电产业基地 2012 年正式启动。基地聚集银河锂业（江苏）有限公司、张家港市国泰华荣化工新材料有限公司、森田化工（张家港）有限公司、江苏华盛化工有限公司等知名企业，引进储能材料和动力电池等上下游节点项目，打造从锂原料到锂电应用产品的新能源锂电产业链，并向动力电池及应用领域延伸，先后获评国家级锂电产业基地和省级锂电产业园。2015 年实现销售额 25 亿元。

光学膜产业基地 由江苏康得新复合材料股份有限公司出资建造，2010 年正式启动。该基地拥有国内先进、国际一流的光学膜和预涂膜生产技术。2011 年 9 月，基地首条年产 4000 万平方米光学薄膜示范线建成投产，成为国内第一家拥有自主知识产权的规模化光学膜企业。2013 年 11 月，康得新 2 亿平方米光学膜产业集群项目一期竣工投产，占地 38 公顷，总投资 46 亿元，年产 2 亿平方米光学膜、6000 吨树脂、1 万吨光学保护膜和 5 万吨光学涤纶树脂基材。2014 年 8 月，康得新复合材料集团股份有限公司总部从北京迁入张家港保税区，成为张家港市最大、苏州市第二大市值的上市公司。2015 年销售收入 76 亿元，入库税收 6 亿元。2016 年 4 月，康得新光学膜二期项目奠基开工，总投资 120 亿元，占地面积 32.67 公顷，年产 1.02 亿平方米先进高分子膜材料和 1 亿片裸眼 3D 模组。其中，高分子膜项目包括隔热膜、高档装饰膜、水汽阻隔膜等。作为国内唯一一家加入国际窗膜协会的窗膜制造商，康得新的汽车窗膜供应宝马、北汽等全球知名整车商，裸眼 3D 模组将配套三星、华为、TCL 等全球知名消费电子企业。

江苏康得新复合材料股份有限公司（2014 年）　苏栋汇　提供

页岩气新材料综合利用研发生产基地　2013 年 8 月，张家港市人民政府、张家港保税区管委会与东华能源股份有限公司正式签订页岩气新材料综合利用研发生产基地项目合作协议，规划总投资 360 亿元，用 3 ~ 5 年时间完成规划和建设，形成 210 万吨丙烯、140 万吨乙烯、100 万吨丁烯的“三烯”基础原料生产能力，并向下延伸发展新材料产业，打造千亿级新材料产业基地。至 2015 年年末，已有丙烯一期、聚丙烯一期、凯凌一期加氢化工品、凯凌二期异丙醇和丁辛醇 5 个项目竣工投产，其中丙烯一期总投资 40 亿元，配备全球先进装置，生产能力近 60 万吨，年产值超 50 亿元。丙烯二期、聚丙烯二期、丁二烯、乙烯等项目正在加快推进。2015 年实现销售额 205 亿元。

页岩气新材料综合利用研发生产基地（2015 年）　苏栋汇　提供

江苏扬子江重型装备产业园 2011 年 11 月，江苏扬子江重型装备产业园经江苏省商务厅批准设立。园区依托张家港保税区良好的区位优势，独特的水运条件，完备的政策功能，致力发展重型装备产业项目，积极引进世界知名装备制造产业，全力打造以新能源装备、重型机械、大型煤和石油化工成套装备、低温压力容器等为主导的装备产业园区。园区涵盖长山装备工业园和段山港区域两部分。长山装备工业园位于金港镇长山村境内，面积 3.7 平方千米，已形成重型装备、特种船舶、风力发电设备等重点产业，集聚了张家港化工机械股份有限公司、张家港圣汇气体化工装备有限公司等一批国内外知名骨干企业。段山港区域是长山装备工业园的扩区部分，面积 11.7 平方千米，采用“北港南工”的形式布局。“北港”指沿江公路以北的港口码头区，“南工”指沿江公路以南的综合工业区。段山重装码头工程利用长江岸线 1353 余米，建有 3 个 8000 吨级和 2 个 5000 吨级长江泊位，另有 5 个 2000 吨级内港池泊位。码头项目总投资 15 亿元，重件及件杂货年通过能力 400 万吨。

临江装备产业基地位于江苏省扬子江重型装备产业园内，2011 年 11 月正式启动。该基地依托苏州天沃科技股份有限公司、张家港富瑞特装股份有限公司等一批国内龙头企业，重点发展海工、船舶、液化天然气、化工成套装备等产业，2015 年完成销售额 221 亿元。苏州天沃科技股份有限公司先后完成国内 100 多项首台（套）设备及国

江苏扬子江重型装备工业园（2015 年） 王佩 摄

张化机临江基地（2015 年） 黄强 提供

苏州天沃科技股份有限公司承建的中国铝业山东分公司大型煤制气项目（2015 年） 苏栋汇 提供

际领先设备的研制任务。2013—2015 年，苏州天沃科技股份有限公司加快推进转型升级，形成高端智能装备制造、清洁能源工程服务、核心技术创新研发三大板块齐头并进新局面。

专业市场

张家港保税区依托江尾海头的区位优势、便捷的港口水陆交通、集聚集群的临港制造业、人多地广的中国市场，着力发展港口服务业，设立保税物流、普洛斯物流、进口汽车物流等物流园区，形成以化工品、纺织原料、粮油、名贵木材为主导的 4 大传统市场，培育以进口汽车、进口消费品为重点的 2 大新兴市场，成为全国较大的木材、棉花、羊毛、液体化工品集散地。化工品交易中心、进口消费品中心、汽车进口口岸被列入《苏南现代化建设规划》重点推进发展项目。2015 年，6 大专业市场完成交易总额 2976.85 亿元（含电子交易额），纳税总额 11.65 亿元。

江苏化工品交易中心 位于张家港保税区，前身为2002年6月成立的张家港保税区化工品交易市场有限公司。交易品种主要有甲苯、甲醇、苯乙烯、乙二醇、对苯二甲酸等5大类15个品种，产品辐射长三角、珠三角、西南、东北等地万余家企业。2009年7月，张家港保税区化工品交易市场与张家港海关合作，建立张家港保税区化工品口岸信息平台，每天发布纽约、伦敦以及中国华东、华南、华北地区的化工产品价格走势，其每天的化工品现货成交价格成为国内液体化工品现货价格的晴雨表，是全国乃至亚太地区重要的液体散化集聚区和分拨中心。2012年7月，经江苏省政府批复和江苏省工商部门批准，张家港保税区化工品交易市场有限公司更名为江苏化工品交易所。2012年8月，江苏化工品交易所在北京成功发布中国液体化工品指数，成为中国液体化工领域行情走势的风向标。2013年3月，江苏化工品交易所更名为江苏化工品交易中心。是年8月，江苏化工品交易中心投资3亿元的江苏石化大厦落成启用。2014年4月，江苏化工品交易中心长江国际电子交易平台上线运行，这是全国首家开展美元计价、净价交易、保税交割、代办结购汇等服务的化工品国际交易平台。2015年，海关总署批准张家港保税港区

江苏化工品交易中心（2013年） 严子洋 摄

张家港保税区纺织原料市场（2014年） 王佩 摄

试点全国首家甲醇期货保税交割，并同意张家港保税科技控股子公司——张家港长江国际港务有限公司作为郑州商品交易所指定保税交割仓库。2015 年年末，累计入驻开户客商 2400 多家（含签约电子交易商），交易额 2184.33 亿元（含电子交易额），纳税 3.3 亿元。

张家港保税区纺织原料市场　2006 年 12 月成立，2007 年 6 月运行，位于保税区，是一家以棉花、羊毛、化纤、亚麻等为主要交易品种的纺织原料专业市场，入驻企业 1200 余家。市场拥有 2 万平方米以交易为主的现代商务中心和 50 万平方米的仓储物流区，建有棉花、羊毛实验室，成立专门管理机构，配套服务机构。市场整合供应链资源，打造国际卖家销售、国际买家采购、现代仓储物流、快速通关报检、电子交易信息、现代金融服务六大平台，实现一站式交易，是长三角地区乃至全国进口棉花、羊毛的重要集散地，被中国纺织工业协会授予中国纺织原料进口分销中心。2015 年，市场完成交易总额 312.07 亿元，纳税 1.84 亿元。

张家港保税区粮油交易市场（2015 年）　王佩　摄

张家港保税区粮油交易市场　2011 年 11 月成立，位于张家港保税区。由张家港保税区金港资产经营有限公司、江苏江海粮油贸易公司、张家港市国泰华亿实业有限公司、江苏国鼎投资管理服务有限公司共同投资 300 万元建成。市场依托江苏省江海粮油贸易公司在全国布点，打造资源整合式的第四方物流企业，以“电子商务 + 现代物流”的现代市场交易模式，经营大豆、大豆油、菜籽油、棕榈油、豆粕等油脂油料产品以及稻谷、大米、玉米、小麦等粮油产品。北大荒、世纪康鑫、云南惠嘉、山东昌华、山东中信等知名企业相继入驻。2015 年 10 月，市场与江苏博恩大宗商品交易有限公司正式签订合作组建粮油电子交易平台意向书，打造与国际同步的粮油交易体系电子平台，涵盖行情价格、咨询展示、交易信息、在线贸易融资、物流信息监控等领域。至 2015 年年末，市场累计入驻客商 210

中粮东海粮油工业（张家港）有限公司小包装油生产线（2017 年）　潘建伟　提供

中粮东海粮油工业（张家港）有限公司（2009 年）　　范品才　摄

家，注册资本超千万元的企业 52 家，完成交易额 181.41 亿元，纳税 2.5 亿元。

张家港保税区名贵木材市场　2011 年 11 月成立。该市场依托港口码头资源优势，大力发展名贵木材产业，已形成森源、中联、海宏等名贵木材市场。品种有皮灰木、鸡翅木、红木、乌木、血檀、花梨等数十种。市场依托强大的产业和贸易基础，着力打造集检验、仓储、物流、加工、展示、交易于一体的完整产业集聚区，已形成 5 万平方米的物流配送场地，2.5 万平方米的国际标准三层储运库和商品展示厅，5000 平方米的配套酒店式公寓，3500 平方米的名贵木材博物馆及 6000 平方米的名贵木材工艺品展示中心。该市场大力推进有形市场和无形市场、现货交易和电子交易、现货交易与期货交易相结合的交易模式，并为客户提供装卸、运输、交易、金融服务等一条龙服务。2015 年，金港物流中心月平均进口各类名贵木材 600 余个标准集装箱。这些名贵木材分别产自非洲、南美洲、东南亚等 20 多个国家和地区，品种达 40 种，交易进出各类名贵木材 36.75 万吨。2015 年，该市场完成交易额 57.69 亿元，纳税 3826 万元。

张家港保税区名贵木材市场的工作人员正在卸载木材（2014 年）
褚珊珊　摄

张家港保税港区汽车整车进口口岸 位于张家港保税港区，2012 年 11 月获国务院批准设立，2013 年 2 月通过国家验收，成为江苏省及长江内河首个汽车整车进口口岸，也是全国第七个港口型汽车整车进口口岸。口岸建有一套完整的装卸、堆放、检测、改装、展示交易、整车和零部件分拨分销、金融服务等汽车整车进口产业体系。2013 年 2 月，集装箱进口整车业务正式启动，第一艘滚装船“民铎”轮靠泊码头卸车。2013 年 3 月，集装箱进口的一台福特 E350 开始拆箱。2013 年 3 月 2 日，中远日邮汽车船运公司的滚装大轮“中远腾飞”轮靠泊码头，装载 942 辆奇瑞汽车出口至南美。2013 年 5 月，外贸集装箱内支线——洋山航线第一艘驳船“中外运 003”首航。2013 年 12 月，日本东车航运公司的第一艘进口汽车滚装大轮“利固敖”靠泊码头，装卸 50 辆徐工集团采购的五十铃底盘车。2014 年，汽车整车进口口岸获批全国首届进口汽车“三包”责任险试点口岸，全年完成进出口整车 1.65 万辆，新增注册企业 68 家，国际汽车城、机动车检测实验室等投入运行。2015 年，汽车整车进口口岸进出口整车 1.32 万辆，新增注册企业 71 家，宝马旗舰店开张营业，新星房车、中美仕家启动改装业务。2014 年内完成交易额 74.93 亿元，纳税 1.66 亿元。

张家港保税港区汽车整车进口口岸（2013 年） 谢卫东 摄

张家港进口消费品展示交易中心 位于滨江新城，2012 年 6 月，经江苏省政府批准成立。市场在江苏省率先上线运行进口消费品防伪溯源平台“张保真”，优势进口品种主要有葡萄酒、橄榄油、冷冻肉、钻石珠宝、母婴用品、乳制品等。2015 年，总投资 4 亿元的进口消费品运营大楼——国泰国际大厦竣工运营，可为市场提供上万种可供选择的进口商品，打造商品流、信息流、物流、渠道流、资金流“五流合一”的综合性进口商品集采分销平台，被江苏省列为重点服务业项目。红酒原瓶进口突破 770 万升，总量、货值均位于江苏省前列。至 2015 年年末，累计入驻客户 552 家，无锡天鹏、苏州高昌、河南双汇、南京雨润等知名企业纷纷入驻，2015 年完成交易额 166.42 亿元，纳税 1.96 亿元。

张家港进口消费品展示交易中心（2015 年） 王佩 摄

藏酒轩（2011 年） 严子洋 摄

滨江新城（2015 年） 苏栋汇 摄

滨江新城

滨江新城位于张家港保税区（金港镇）境内，由金港路、张杨公路、香南东路、江海路、黄泗浦路、晨丰公路合围而成，面积 8.5 平方千米，分为殷家埭片区、邱家港片区、金桥片区和南沙片区四大片区，其中殷家埭片区为滨江新城核心区。2010 年，滨江新城建设启动，至 2015 年，核心区域初具规模，成为张家港保税区（金港镇）、张家港港的行政服务中心、居民居住胜地、教育教学基地。

基础设施

道路 2015 年，滨江新城建有公路“六纵六横”。“六纵”是金港路、兴港路、勤政路、中港路、柏林路、江海路；“六横”是祥云路、殷家埭路、镇山路、崇真路、蟠港东路、晨丰公路，其中金港路为纵向主干道，镇山路为横向主干道。金港路位于崇真中学东侧，崇真小学西侧，滨江新城内长 1.7 千米，宽 40 米，沥青路面，豪华路灯，中间及两侧均设绿化隔离带，是通往张家港保税区南大门的南北向主要公路。镇山路位于新城区滨江大厦南侧，金港文化中心北侧，滨江新城内长 2.7 千米，宽 36.5 米，沥青路面，豪华路灯，两边设有绿化隔离带，是通往滨江大厦、金科廊桥天都商业区和崇真中学的

镇山路（2014 年）　　潘建伟　提供

东西向主要公路。

河流 主要有张家港运河河段、南横套河段、马桥港、殷家港等。其中张家港运河河段、南横套河段为市级河流，殷家港、马桥港为镇、村级河流。张家港运河河段，北起黄泗浦大桥，南至南沙大桥（南桥），全长约 3 千米，底宽 60 ~ 80 米。2015 年，该河道两岸驳岸工程竣工。南横套河段东起南横套河桥，西至三节桥，全长 1.8 千米。2010—2015 年，因滨江新城建设需要，将南横套滨江新城段拓宽为 60 ~ 80 米，并建设成为景观廊道。河边栽有树木、花木、草坪、竹子，建有临水石阶、栈桥、观景台、人行曲道、活动场所等。傍晚，数千盏草坪灯银光四射，数千盏彩灯一齐开放。树木、桥梁、高楼倒映水中，美不胜收。人们散步、游玩、观景，跳广场舞、交谊舞。更有钓者频频提竿，享受夜钓乐趣。马桥港、殷家港均北起南横套，南至张杨公路，长约 1.6 千米，宽约 15 米，两旁均设有绿化带，种植树木、花草，建有台阶、栈桥、观景台等。

桥梁 主要有横跨张家港运河的南沙大桥、三省大桥，纵跨南横套的三节桥、横套河桥、金都大桥、崇真大桥以及马桥港上的新马桥、新东塘桥、马家河桥、勤政桥，殷家港上的徐家桥、枫林桥、殷家埭桥等。其中，南沙大桥位于香山东大街西侧，长 69.6 米，

三节桥（2017） 邱亚峰 摄

宽 4.2 米，钢筋混凝土平板吊桥，1959 年始建，2000 年改造，2001 年 8 月通车，载重 50 吨。三省大桥位于南沙大桥北侧，1986 年始建，长 90 米，宽 60 米，钢筋混凝土拱形桥，载重 55 吨。横套河桥位于滨江大厦西北侧，桥梁类型为刚架拱桥，长 50.6 米，宽 49.7 米（含车道、人行道、绿化隔离带），钢筋混凝土结构，沥青桥面，两侧花岗岩护栏。桥下有 3 拱，两边拱下设置水上廊道。廊道用条形木板铺设而成，长 52 米，宽 2 米，高 1.2 米。

横套河桥（2017 年） 邱亚峰 摄

金都大桥（2017 年） 邱亚峰 摄

公共建筑

滨江大厦 位于中港路东侧、勤政路西侧，南临镇山路，北靠南横套。总用地面积 4.75 万平方米，总建筑面积 15.08 万平方米，总投资 7.5 亿元。滨江大厦由 2 幢 31 层高塔楼、3 层裙房和地下车库组成，建筑总高度 139 米。地下车库有车位 767 个。工程由中铁建设集团华东分局承建，2012 年 4 月开工奠基，2014 年 1 月主体结构封顶，2015 年进行装修。

安置房 2011 年，为了安置学田村、封庄村、柏林村等地的拆迁户，始建金成小区

滨江大厦（2017 年） 苏栋汇 摄

一期、二期安置房。该安置房东靠跃进河，西至金港路，南临张杨公路，北抵南横套。其中金成一期是张家港保税区（金港镇）唯一多层与小高层结合的安置小区，占地48万平方米，建筑总面积78.66万平方米，有多层住宅楼41幢、小高层37幢，可入住居民3236户。

2012年，为了安置中兴、南沙、双山等地的拆迁户，建设金都花苑一期、二期、三期安置房。该安置房东接金港路，南临南横套，西靠中港路，北濒晨港路，总占地面积33.64万平方米，总建筑面积64.83万平方米，总绿化面积11.48万平方米，共计71栋高层住宅4217户。

2013年，为了安置金港镇柏林村马桥的拆迁户，始建金都二村（马桥小区）安置房。该安置房位于中港南路西侧、张家港运河东侧，南接殷家埭路，北靠镇山路，建筑面积41.94万平方米，投资金额123.5亿元，建房2690套。至2015年，金都二村20幢高层主体封顶，室内装修、配套设施加快推进。

商品房 2013年，位于滨江大厦东侧的金科廊桥商品房动工兴建，占地22.8万平方米，建筑面积59万平方米，有住宅楼18幢高层、4幢多层、171套别墅、居民2498户。金科廊桥商品房由廊桥雅苑和廊桥美墅组成。廊桥雅苑位于镇山路与勤政路交会处，占地14.14万平方米，建筑面积44万平方米，建有10幢高层、85套别墅；廊桥美墅位于镇山路与金港路交会处，占地8.66万平方米，建筑面积15万平方米，建有4幢多层、8幢小高层，86套别墅。另外，金成小区一期、二期，金都花苑一期、二期均建有配套服务商品房，有美食店、小超市、水果店、医药店、七彩童年店等。

学校 随着滨江新城的开发建设，张家港保税区管委会高点定位，科学规划，不断优化学校布局。2011年至2015年易地新建了崇真中学、崇真小学和崇真幼儿园。

崇真中学（2017年） 苏栋汇 摄

崇真中学，位于金港路与镇山路交会处，创办于1938年，前身是天主教教会学校——私立崇真中学。新中国成立后，学校先后更名沙洲县后塍中学、张家港市后塍高级中学。2013年，易地新建于滨江新城，恢复原名崇真中学。校园占地10.7公顷，布局和建筑为典型的江南园林风格。教学楼、实验楼、体育馆、报告厅、图文中心等教育教学设施齐全。有钟楼、鉴湖、悠远亭、马桥遗址等自然与人文景观。2015年，有教职员工200余人，学生1100余人，其中教师有硕士学位36人，本科学历162人，大专学历2人，有正高级职称教师1人，副高级职称教师67人，中级职称教师81人。办学以来，学校培养出了驻外大使、台湾大学校长、“雪龙号”船长、苏州市文科状元、李政道奖学金获得者等优秀人才。学校先后获得苏州市先进集体、江苏省绿色学校、苏州市德育示范学校等荣誉称号。

崇真小学，位于金港路东侧、老张杨公路北侧，占地4.13公顷，建筑面积2.6万平方米，2014年11月动工，2015年12月竣工。学校按8轨48班设计，分教学行政区、体育运动区、生活区，规划在校学生2000名，教师120名。

崇真小学（2017年） 刘文彪 提供

崇真幼儿园，位于金港路东侧、晨丰公路南侧，占地1.27公顷，建筑面积9926平方米，按照江苏省示范幼儿园标准建设，2014年11月开工，2015年12月竣工。幼儿园按8轨26班制设计，可容纳1000余名师生。

崇真幼儿园（2017年） 严晓霞 提供

张家港港

芦苇丛生的古渡口，从名不见经传的小小张家港河出发，曾经开启了一个航运发家、实业致富的时代。400多年后，铭记着曾经的荣光，循着先人的梦想，金港人也迈出了“以江兴港，贸易致富”的脚步。

如今，一个繁忙的长江内河国际商港、全球首个国际卫生港已昂首屹立在长江之滨，它正以前瞻的视野、发展的眼光奏响着港口发展的最强音。

建设中的张家港港（1968 年） 徐婷 提供

1965 年，交通部第三航务勘察设计院到长江下游踏勘，认为在张家港港口建港较为理想。1968 年，经国家计委、交通部、中央军委联合审批同意，张家港港正式立项建港。1968 年 2 月动工，至 1970 年，港口建有 2 组 4 个泊位的钢质趸船浮码头、一座浆砌块石重力式码头、7 个江心浮筒，可同时停靠 9 艘海轮，有岸线 2181 米，库场 12.8 万平方米，隶属上海港务局管理，为上海港的战备港和物资分流港。

张家港港位于张家港市西北部，地处长江三角洲核心地区，周边有上海、苏州、无锡、常州、南通等众多大中城市。港口江面宽阔，岸线顺通，10 米以下深水贴岸，不淤不冻，并有江中双山岛为天然屏障，是得天独厚的天然良港。

张家港港东距上海吴淞口 146.5 千米，西离南京港 219.4 千米，南连杭嘉湖地区，北通苏北各港。沪通铁路（在建）、疏港高速公路、锡通高速公路、张杨公路（338 省道）、沿江公路、港丰公路贯通张家港港。自港口出发，2 小时车程可达上海、南京，1 小时车程可达苏州、无锡、常州、南通及苏南硕放国际机场，不到半小时车程可达江阴长江大桥。

1981 年，设立张家港港务局，相继建办了一批万吨级以上码头泊位，主要接卸江海轮，张家港港成为江海物资转运港。1982 年 11 月，张家港港经全国人大常委会批准为国家一类开放口岸。1983 年 5 月，第一艘外籍万吨级货轮巴拿马籍“日本商人”号满载木材驶抵张家港港。1985 年，港口货物吞吐量 340.5 万吨，与北欧、波斯湾、地中海、西非等地 45 个国家和地区的 120 多个港口建立航线。1986 年，岸线西起巫山港，东至十字港，全长 5.5 千米，可安排 26 个江海轮泊位。陆域纵深 600 米，占地面积 41.6 万平方米。1991 年年末，港口建成并开放 7 个万吨级泊位、12 个江心浮筒。2008 年 4 月，

巴拿马籍货轮“日本商人”号靠泊张家港港（1983 年） 徐婷 提供

张家港港通过世界卫生组织的考核验收，成为全球首个国际卫生港口[①]。2015 年，镇域口岸岸线西起长山，东至大新，全长 20.98 千米。有张家港港务集团有限公司、张家港保税区长江国际港务有限公司、张家港保税港区港务有限公司等 13 家码头单位。有各类起重、输送、搬运、装卸等专用工具，能承接钢材、矿石、煤炭、木材、粮食、化工品、件杂货、集装箱等不同货种的装卸、储运和中转业务。是年，港口完成货物吞吐量 2.24 亿吨。

张家港港（2009 年） 瞿虹 提供

① 张家港市委党史地方志办公室编:《张家港年鉴（2009）》，方志出版社，2009 年，140 页。

码头泊位

2015 年，金港镇张家港作业区建有张家港港务集团有限公司码头（简称港务集团码头）、江苏省江海粮油贸易公司张家港储运部江海粮油码头（简称江海粮油码头）、张家港保税港区港务有限公司保税港务码头（简称保税港务码头）。化学工业园作业区建有长江国际港务有限公司长江国际码头（简称长江国际码头）、中粮东海粮油工业（张家港）有限公司东海粮油码头（简称东海粮油码头）、陶氏化学（张家港）有限公司陶氏化学码头（简称陶氏化学码头）、张家港孚宝仓储有限公司孚宝码头（简称孚宝码头）、张家港东华能源有限公司东华能源码头（简称东华能源码头）、双狮（张家港）物流有限公司双狮物流码头（简称双狮物流码头）。长山作业区建有张家港久盛船业有限公司久盛码头（简称久盛码头）、上海振华重工（集团）张家港港机有限公司港机厂码头（简称港机厂码头）、张家港锦隆重件码头有限公司锦隆重件码头（简称锦隆重件码头）。段山港作业区建有张家港港新重装码头港务有限公司重件码头（简称港新重装码头）。全镇共建有 13 个码头单位、57 个泊位（包括 12 个内港池泊位），其中万吨级泊位 34 个，

张家港港务集团码头（2015 年） 瞿虹 提供

永嘉集装箱码头（2009 年） 王佩 摄

开放泊位 34 个，万吨级开放泊位 32 个。

张家港作业区 有港务集团码头、江海粮油码头、保税港务码头，共 19 个泊位。

港务集团码头有 13 个泊位。1969 年 7 月，港务集团 1 号、2 号、4 号、5 号浮码头 4 个泊位建成，年吞吐能力 210 万吨，均用于件杂货。1983 年 8 月，建港务集团 6 号、7 号泊位，靠泊能力均为 1 万吨，用于件杂货。1986 年 10 月，港务集团 13 号泊位动工兴建，因建双山轮渡码头，移至轮船码头东侧现址，用于装卸件杂货，靠泊能力 1 万吨。1992 年 10 月，14 号件杂货泊位、15 号集装箱泊位（永嘉集装箱码头）建成投产，其中 14 号泊位靠泊能力 1.3 万吨，15 号泊位靠泊能力 2.5 万吨。1993 年 8 月，8 号、9 号、10 号泊位建成投产，其中 8 号泊位用于木材，靠泊能力 2.5 万吨，9 号泊位用于散货，靠泊能力 2 万吨；10 号泊位用于液体化工，靠泊能力 2.5 万吨。1997 年 10 月，16 号泊位（永嘉集装箱码头）建成投产，用于集装箱，靠泊能力 2.5 万吨。2006 年 10 月，17 号泊位竣工投产，用于件杂货，靠泊能力 3 万吨。2015 年，4 号、5 号泊位改造成为 10 万吨级散货泊位。

江海粮油码头（2013 年） 潘建伟 提供

江海粮油码头有 4 个泊位。1 号泊位于 1987 年 10 月建成投产，靠泊能力 5 万吨，用于粮油。2 号泊位于 1991 年 11

月建成投产，靠泊能力 7 万吨，用于粮油。3 号泊位于 1996 年 9 月建成投产，靠泊能力 7 万吨，用于粮油。4 号泊位于 2002 年 12 月竣工投产，靠泊能力 7 万吨，用于件杂货。

保税港务码头有 2 个泊位，均于 2007 年 1 月建成投产。一个泊位用于集装箱，靠泊能力 3 万吨，另一个泊位用于件杂货，靠泊能力 1 万吨。

化学工业园作业区 有长江国际码头、东海粮油码头、陶氏化学码头、孚宝码头、东华能源码头、双狮物流码头，21 个泊位。

长江国际码头有 3 个泊位，均用于化工。1 号泊位于 1993 年 4 月建成投产，靠泊能力 2 万吨，2 号泊位于 2002 年 9 月建成投产，靠泊能力 5 万吨。3 号泊位于 2006 年 2 月建成投产，靠泊能力 5000 吨。

东海粮油码头有 4 个泊位，均用于粮油装卸。1995 年 7 月，1 号、2 号泊位均建成投产。1 号泊位靠泊能力 3.5 万吨，2 号泊位靠泊能力 5000 吨。2004 年 2 月，5 万吨级扩建码头泊位竣工投产，靠泊能力达 10 万吨。2005 年 1 月，3 号泊位建成投产，靠泊能力 1 万吨。

陶氏化学码头有 1 个泊位，用于化工，2002 年 7 月投产，靠泊能力 2.5 万吨。

孚宝码头有 4 个泊位，其中 2 个泊位用于液体化工，2007 年 6 月建成投产，靠泊能力分别为 1 万吨和 5 万吨。另有 2 个内港池泊位均用于液体化工，均于 2010 年 12 月建成投产，靠泊能力均为 1000 吨。

长江国际码头（2016 年） 王佩 摄

孚宝码头（2007 年） 潘建伟 提供

东华能源码头有 2 个泊位，均用于液化气，1 个泊位于 1999 年建成投产，靠泊能力 5.4 万吨，另一个泊位于 2010 年 12 月建成投产，靠泊能力 2 万吨。

双狮物流码头有 7 个泊位，其中一个液体化工泊位，另一个散货泊位，2 个泊位均于 2005 年 2 月建成投产，靠泊能力均为 5 万吨。另有 5 个内港池泊位，2005 年 2 月建成投产，均用于液体化工，靠泊能力均为 500 吨。

长山作业区 有港机厂码头、久盛码头、锦隆重件码头 3 个码头单位，共 7 个泊位。

港机厂码头有 1 个泊位，1997 年 12 月建成投产，靠泊能力 1 万吨，用于港机发运。

久盛码头有 2 个泊位，均于 2008 年 12 月建成投产，均用于船舶修理，靠泊能力分别为 3 万吨和 5 万吨。

锦隆重件码头有 4 个泊位，2011 年 8 月建成投产，均用于件杂货。其中，2 个泊位靠泊能力 5000 吨，一个泊位靠泊能力 1000 吨，另一个泊位靠泊能力 8000 吨。

船业工人作业（2013 年） 瞿尚林 摄

装船作业（2015 年） 苏栋汇 提供

段山港作业区 有港新重装码头1个单位、10个泊位（含5个内港池泊位），均用于件杂货，2011年6月开工建造，2013年建成5个长江泊位，其中3个泊位靠泊能力8000吨，2个泊位靠泊能力5000吨，另有5个内港池泊位于2014年建成投产，靠泊能力均为2000吨。

港口生产

生产企业 2015年年末，张家港保税区（金港镇）有张家港港务集团有限公司、江苏省江海粮油贸易公司张家港储运部、张家港保税港区港务有限公司、张家港市久盛船业有限公司、上海振华重工（集团）张家港港机有限公司、张家港锦隆重件码头有限公司、张家港保税区长江国际港务有限公司、中粮东海粮油工业（张家港）有限公司、陶氏化学（张家港）有限公司、张家港孚宝仓储有限公司、张家港东华能源有限公司、双狮（张家港）物流有限公司、张家港港新重装码头港务有限公司等13家港口生产企业。

生产业务 1986年，金港镇张家港港港口货物吞吐量为284.56万吨，集装箱运量3.3万标准箱。1996年，港口货物吞吐量达到8000.7万吨。2005年，港口共完成货物吞吐量6686.2万吨，集装箱运量37.71万标准箱。2008年4月，中远集团的“大青河”轮，满载电子产品和木制品从张家港港永嘉集装箱码头启航开往中国台湾地区，张家港至中国台湾地区的集装箱轮航线正式开通。2009年3月，从中国台湾地区的高雄港直航张家港港的“玉兰”轮安全靠泊长江国际港务码头，这是张家港港开港以来迎来的第一艘海峡两岸直航船。“玉兰”轮载运2000吨乙醇到张家港港，在口岸查验部门的通力合作下，顺利完成装卸作业并安全离港。是年4月，马绍尔群岛籍13

集装箱箱山（2013年） 刘文波 摄

万吨级超大型货轮——“速毅”轮满载货物靠泊张家港港务集团4号泊位卸货。2010年，镇域口岸全年完成货物吞吐量1.6亿吨，集装箱运量112.4万标准箱，货物吞吐量连续五年超亿吨，集装箱运量首次突破百万标准箱。2013年，中远日邮汽车船运输公司的滚装大轮“中远腾飞”轮在张家港保税港区港务码头装载942辆奇瑞汽车出口巴西。2015年，镇域口岸全年完成货物吞吐量2.24亿吨，其中金属矿石6378万吨，钢铁3370万吨，煤炭及制品5185万吨，矿建材料1339万吨，化工原料及制品949万吨，粮食722.2万吨，木材480.3万吨，化肥及农药217.6万吨，水泥61.4万吨，石油天然气及制品85.4万吨，机械设备32.8万吨。集装箱运量100.6万标准箱。是年，进出口整车1.32万辆，进口粮食387.3万吨、葡萄酒577.7万升、羊毛19.2万吨、棉花17.8万吨、肉类10.3万吨。

附：企业选介

张家港港务集团有限公司（简称“港务集团”） 前身为张家港港务局，是1968年建立的张家港港最早的港口生产企业，主要经营进出口货物的装卸、仓储、中转、驳运，保税物流业务，国际配送，国际中转，货物理货，货物配载，船舶、货运代理，船舶拖带服务，木材交易、加工，港口机械制造维修，电气设备安装维修，港口工程开发建设，港湾疏浚，混凝土连锁块制造，疏港车辆停放，物业管理，港口信息，租赁等业务。集团拥有万吨级泊位13个，江心浮筒12个，内河港池一座，起重、输送、航运等大型专用装卸设备500余台，库场面积155万平方米，化工储罐48个计14万立方米，可同时停靠万吨级船舶

张家港港务集团有限公司大楼（2008年）瞿虹 提供

26艘，年吞吐能力6000万吨。2015年，全年完成货物吞吐量5200万吨，其中外贸吞吐量1466万吨，集装箱运量84万标准箱。货物装卸自然吨达到2116万吨，其中木材自然吨278万立方米，煤炭自然吨1079万吨，对苯二甲酸自然吨3.9万吨，金属矿石自然吨544万吨，水泥自然吨19万吨，钢材自然吨122万吨，其他70.1万吨。

中粮东海粮油工业（张家港）有限公司　拥有33万吨储油罐群，40万吨原粮立筒仓，4万吨粕筒仓，6.2万平方米成品仓库，3个万吨级及1个5000吨级码头泊位，主要从事大豆、小麦、大米加工以及油脂深加工项目，生产福临门牌系列食用油、面粉及大米，四海牌豆粕，四海、五湖牌饲料等粮油产品。大豆日压榨能力1.2万吨，精炼油日加工能力3700吨，面粉日加工能力750吨，稻谷日处理能力300吨，饲料日加工能力800吨，特种油脂日加工能力430吨，大豆胶质日处理能力70吨，小包装日灌装能力15万箱。

中粮东海粮油工业（张家港）有限公司夜景（2014年）
潘建伟　提供

江苏省江海粮油贸易公司张家港储运部　拥有长江深水岸线830余米，建有万吨级码头泊位4个，有露天堆场20万平方米，储油罐容28万吨，粮食仓容30万吨，年吞吐能力近700万吨。一直担负国家粮油专项储备职能，进口食用油脂接运量连续多年名列全国第一，先后填补长江流域中转进口小麦、大豆、大麦、毛豆油、牛羊油等多项空白，被国家发改委和江苏省政府列为国家和全省“十二五”粮食物流规划重要企业。2015年，接卸外轮167艘次，完成货物吞吐量

江苏省江海粮油贸易公司张家港储运部（2013年）　张晓云　提供

682.2 万吨，其中粮食饲料 374.7 万吨、油脂 167.8 万吨、杂货 139.7 万吨。

张家港保税区长江国际港务有限公司（2013 年） 王佩 摄

张家港保税区长江国际港务有限公司　建有 2 万吨级、5 万吨级、5000 吨级 3 个液体化工专用码头泊位，专业从事乙二醇、二甘醇、甲苯、二甲苯、甲醇、二辛酯等散装液体化工品的码头接卸、保税仓储、分拨转运服务，同时为区内生产、仓储企业提供管道物流配送和码头中转服务。2015 年，公司全年接卸船舶 563 艘，接卸货物总量 308.5 万吨。年内完成码头吞吐量 334.1 万吨，实现营业收入 2.31 亿元，利润总额 9178 万元。

张家港保税港区港务有限公司　成立于 2007 年 1 月，建有 2 个万吨级泊位，泊位总长 432 米，可停靠 5 万吨级船舶。陆域面积 55 万平方米，其中堆场面积 25 万平方米，仓库面积 7.5 万平方米。业务范围涵盖整车进出口、集装箱、散杂货、油脂及港内拆装箱、保税仓储、报关代理等。公司有集装箱、散杂货装卸堆存机械，其中 40.5 吨和 61 吨集装箱岸桥 3 台，40.5 吨轨道吊 5 台，16 吨和 25 吨门机 3 台，各类叉车 20 余台。2015 年，公司引进唐山庞大、重庆力帆、天津马歌帝等汽车贸易商，免费为 153 批 790 辆进口整车办理保税展示。2015 年，公司全年完成整车进出口 1.32 万辆，集装箱吞吐量 16.57 万标准箱，其中外贸集装箱 3.5 万标准箱，散杂货自然吨 112 万吨。

保税港务码头（2012 年） 王佩 摄

口岸服务

张家港口岸服务主要有代理服务和理货服务，另有船用物料、油料、食品、生活品、文化娱乐、污染物接收、拖轮、航修等其他服务。

代理服务 代理服务企业主要有中国外运长江有限公司张家港分公司、中国张家港外轮代理有限公司、张家港保税区海捷国际船务代理有限公司等。服务范围涉及船货代理、装卸运输、仓储中转、船舶供应、拖带、航修、港口卫生、海员生活用品、餐饮、娱乐等。

中国外运长江有限公司张家港分公司（简称张家港中外运），主要从事货运代理、船务代理、保税物流、仓储运输、航空快递等综合性代理服务。2015年，海运货代方面，依托驳船洋山线，自营日本、韩国航线和内贸航线，全年完成代理集装箱109万标准箱，海运散杂货179.11万吨，内贸代理集装箱2.16万标准箱；船务代理方面，全年完成自揽船536艘次，自揽船净吨位562.6万吨，自揽船货吨274.1万吨；仓储业务方面，拆装箱量6306标准箱，仓储吞吐量26万吨，货运量6.71万吨，运输行驶里程30万千米，周转量456.29万吨千米；空运业务方面，完成空运快件7.47万票，代理普货429.1吨，并做好首批跨境电商直购业务、物流业务工作。

中国张家港外轮代理有限公司（简称张家港外代），主要从事国际客、货运输和科学考察、水上工程各类船舶在中国港口及有关水域的服务业务（含对船、货、集装箱、船员的服务），承揽进出口和内贸货物，办理订舱、租船、储运、代运、报关、旅游（专指船员）、海陆空国际多式联运和门到门运输业务，与180余个国家和地区的5000余家航运、商贸、金融、保险企业建有业务联系，还从事产品物流、工程物流、租船、危化品仓储及灌装等业务。2015年，全年共代理船舶2557艘次，散杂货近900万吨，集装箱4.8万标准箱，进出口报关报检2.5万票。公司发展多元化物流业务，成立租船部，成功操作13笔化工品及大件设备租船业务；开展内贸集装箱业务，开通长江上游线、南方线、北方线等多条航线，覆盖长江沿线和沿海等诸多港口城市。苏州中远化工物流基地新增20升小桶灌装线，开设危化品、罐式集装箱运输业务。全年完成吞吐量10.7万吨，罐装量3.3万吨，装卸箱量1814标准箱，运输量5.88万吨。

理货服务 理货服务企业主要有张家港中理外轮理货有限公司、张家港中联理货有限公司。张家港中理外轮理货公司（简称中理理货），主要从事国际、国内航线船舶货物及集装箱的理货、理箱，集装箱装、拆箱理货，货物计量、丈量，船舶水尺计量，监装、监卸，货损、箱损检验与鉴定，出具理货单证及理货报告、理货信息、咨询等相关业务。2015年，共受理船舶4324艘次，完成理货总量1528.61万吨。

张家港中联理货有限公司（简称中联理货），主要受理船舶货物、集装箱理货业务。2015年，受理船舶1.12万艘次，集装箱92万标准箱，并推进业务转型发展，实施理货、检验“双品牌”发展战略目标。在巩固发展理货业务的同时，公司启动开展液化品、燃油、煤炭、矿产品的数量、重量检验鉴定、货物监装、监卸等业务，为客户提供独立、公正、及时、准确的检验鉴定服务。

2015年张家港口岸其他服务单位一览表

表3

服务单位	服务项目
张家港市上源外轮船用物资供应有限公司	船用物料、生活品、淡水
江苏省外轮供应公司张家港公司	船用物料、食品、淡水
张家港保税区鼎胜贸易有限公司	船用物料、生活品
张家港国际海员俱乐部	餐饮、生活用品、文娱、旅游
江苏省中油泰富船舶燃料有限公司	船舶油料供应
江苏中燃油品储运有限公司张家港分公司	船舶油料供应
江苏海宇航务工程有限公司张家港分公司	围油栏供应
张家港沿江港务服务有限公司	船舶污染物接收
张家港市通江船舶服务有限公司	船舶污染物接收
张家港港务集团有限公司船务分公司	经营港口拖轮
张家港保税区港鑫船务有限公司	经营港口拖轮
江阴澄西船舶航修有限公司张家港分公司	船舶航修
张家港市龙鑫达船舶维修有限公司	船舶航修

香山旅游

传说，吴姬采香，名曰香山。香山虽小，但其悠久的历史、深厚的积淀、神奇的传说、璀璨的人文，足以让它光芒四射。

香山也很亲民。无论是往昔的迁客骚人，还是今日的平民百姓，都能沐浴它的清风朗月，追思先贤的美德，聆听古刹的梵音，守望老镇古街的旧时光。

水墨香山（2007 年） 范品才 摄

位于南沙办事处境内的香山，海拔 136.6 米，旧有卧牛山、桃花山之称，传说因昔日吴王携美人入山采香，遂改为香山。金港镇的旅游资源丰富，有香山十八景、梅花园、樱花园、香山湖、香山寺、东山村遗址等。

早在明代时就有香山八景。清乾隆（1736—1795）以后，又相继增补十景，称香山十八景，有所谓旧十八景和新十八景之说。旧十八景即钓鱼台、采香径、梅花堂、洗砚池、石虎门、圣过潭、观音殿、荷花茶厅、圆寂塔、听松吟、桃花涧、圣清池、老虎嘴、鹿女湖、葫芦塘、归云洞、烽火台和藏军洞。1993 年，张家港市对香山进行开发，由于香山旧十八景中的归云洞、钓鱼台和石虎门因环境变化和采石湮灭，开发中新增设聆风塔和竹海等景点，组成新十八景，即采香径、桃花涧、梅花堂、东坡洗砚池、聆风塔、老虎嘴、藏军洞、圣过潭、鹿女湖、葫芦塘、荷花茶厅、听松吟、清池、藕香湖、烽火台、望江亭、金鳌出海和竹海。香山东麓的东山村遗址，距今约有 8000 年历史，2013 年 5 月，被国务院公布为第七批全国重点文物保护单位。

香山风景区入口（2017 年） 邱亚峰 摄

2014 年，为丰富香山旅游景点，增加了香山湖、香山梅岭和樱花园 3 个生态旅游景点。是年，围绕“山水人文舞神韵，寻香探古品民风”这一主题新建了香山历史文化展示馆。是年 4 月，香山风景区入选国家 AAAA 级旅游景区，被江苏省旅游局评为“江苏省文明旅游示范景区”。2015 年度，香山风景区接待游客 65 万余人次。

香山十八景

采香径 1963 年 7 月，上海古籍出版社出版的明嘉靖《江阴县志・卷三・山川》记载，相传春秋时期吴王夫差出游途经此山携美人西施采香而得名香山，采香开辟的小径，曰采香径。由于岁月流逝，朝代更迭，原来的采香径已经难以辨认。1995 年，重新修建采香径。自香山东麓江海南路采香径牌坊起，经老虎嘴，折向南，从香山寺门前经过，再沿原有采香径老路直抵圣清池、烽火台，随后即北斜而下，通往北山脚下。采香径蜿蜒曲折，长约 2.5 千米，径宽 1 米左右，两旁青松挺立，草木茂盛。

采香径（2008 年） 张建良 提供

桃花涧 有南桃花涧和北桃花涧。位于香山寺下面，涧水流入玉蟹池的叫南桃花涧；位于香山北麓薛家湾上面的，叫北桃花涧。南、北桃花涧全长约 600 米。

梅花堂（2016年） 邱亚峰 摄

1991年6月，江苏古籍出版社出版的清光绪《江阴县志·卷三·山川》记载："香山在县东北三十里……越岭而北有涧数十丈，夹涧植桃，名'桃花涧'。"南、北桃花涧，南涧壮宽，北涧险要，源头均达香山之巅鹿女湖。涧水迂回而下，夹涧桃林，在桃花盛开季节，相映成趣。

2015年，香山南桃花涧，两边青松翠绿。左侧为游客修建了越级而上的栈道，涧底入口段两侧栽上桃树，涧尾的玉蟹池扩建成与香山梅岭配套的景观湖。

梅花堂 位于大香山顶上鹿女湖和葫芦塘的中间。始建于宋，共有五间房屋，堂屋四周种有梅花，堂额为苏东坡手书，笔力雄健。后人常来凭吊、瞻仰东坡遗迹。由于年代久远，香山兵事不断，大香山顶上的梅花堂倾倒坍塌。明，江阴徐应震（徐霞客族兄，号雷门）在小香山北麓重建梅花堂，并将它作为自己的住所。20世纪80年代，因采石，小香山上的梅花堂消亡。2005年春，在大香山鹿女湖西北侧重建梅花堂，并集苏东坡梅、花、堂三字为堂额。

洗砚池 有两处，都与香山梅花堂有关。一处位于香山之巅，梅花堂的北侧，是北宋苏东坡驻足梅花堂时吟诗作画、题额后，清洗笔砚的水池。另一处是在大香山东南侧的小香山西北坡上，由明江阴徐雷门重建梅堂时凿石而作。面积30平方米，池深0.5米，池上是天然悬空石屏，屏宽15米，高7米，池面的三分之一隐于屏底。1985年5月，因采石放炮被毁。

洗砚池（2013 年） 潘建伟 提供

2005 年春，为了配合香山风景区建设，在大香山鹿女湖西北侧重建梅花堂，并在堂后建面积约 40 平方米的洗砚池。

聆风塔 位于香山东部老虎背的最高点藏军洞的北侧，为明清楼阁式江南古塔。全身飞檐翘角，金色塔刹，八面九级。塔檐高 49.8 米，塔顶高 64.8 米，塔座为大青砖条石墙，塔周为汉白玉雕花栏杆。

聆风塔（2013 年） 潘建伟 提供

聆风塔是香山顶上的地标建筑，也是张家港市的制高点。登上高塔，秀美的江南风光尽收眼底。向东看，高楼林立，张家港保税区和古色古香的南沙大街繁华兴旺；向南看，香山湖和湖心岛山水相连，波光粼粼；向西看，群山起伏，一桥（江阴长江大桥）飞架，雄跨大江；向北看，大江东去，百舸争流。

老虎嘴 位于香山主峰东侧的半山腰，由几块裸露而棱角分明的岩石簇聚而成，上面一巨石突向前方，稍上翘，颇似虎嘴上唇；下面一巨石平伸向前，略下倾，跟老虎嘴下唇酷肖。上、下唇相距约1.2米，“嘴”宽约2米，深3米左右，像虎嘴大大咧咧张开着。石色彩斑驳，石质坚硬如铁。

藏军洞 位于香山寺北侧，北距聆风塔约50米。从香山东麓沁香楼西侧的石级向山顶攀登，经陡峭的石级登顶，可见一个大土墩，高约十余米，四周长着茂密的马尾松。它是香山主峰老虎背的制高点，也是香山最高点，在最高点东侧之下，有一个外表呈A字形的坑道式山洞，这就是香山著名古迹——藏军洞，又称将军洞，学术上称其为土墩石室，是江苏省文物保护单位。

藏军洞，在古代战争中曾发挥过重要作用，时有“江南长城”之称。香山上的藏军洞较为规则，共有9组，每组3座，共计27座，成品字形排列，每组占地约2500平方米，分布在香山的山顶上。

藏军洞（2006年） 潘建伟 提供

圣过潭 又名舜过潭，位于香山东峰葫芦塘南侧、荷花茶厅东侧的小广场上。相传大禹奉舜帝之命治水过此，口渴难忍，见东南方不远处，有泉水从石缝中渗出，便命部下将泉眼挖大成潭，捧泉水解渴，泉水清醇甘甜。此后，潭水常年不涸。香山地区百姓，因大禹治水过此，开石成潭，故取名圣过潭。

圣过潭（2013 年） 邱亚峰 摄

此潭外表像一口井，直径约 0.8 米，水不深。圣过潭在开发香山风景区时，受到地方保护。潭的上方建有一座飞檐斗角的六角凉亭，潭前立有一块石碑，上有“圣过潭”三个红色隶体大字。潭壁用香山石块垒砌，潭水清澈见底，潭中生存着珍稀贝壳动物——无尾螺蛳。

鹿女湖 位于香山寺北侧，原名香山湖。相传在 1800 年前，一日，有一头麋鹿，嘴里叼来一个被弃女婴，被香山道长收养。因其为麋鹿叼来，当地的人们都称她鹿女。16 年后，有宦官奉王命来选美，途经香山，见鹿女貌美，便强抢鹿女。鹿女不从，但又无力反抗，便假说要去“香山湖”沐浴打扮一番。鹿女来到湖边却投湖自尽。后来，世人怀念鹿女，把香山湖改名为鹿女湖。

鹿女湖（2008 年） 潘建伟 提供

鹿女湖湖水清澈，蓝天、白云、青松、凉亭，倒映湖中。在湖的西端，架着一座有护栏的木质曲桥，贯通南北。湖的东南角有一个四角凉亭，名慈鹿亭，亭口有副对联："呦呦慈鹿鸣湖下，朗朗德音响谷中"。湖北、湖东是茂密的松林，葱茏蔽日。

葫芦塘　位于现梅花堂的西侧。形状似葫芦，西窄东宽，水面面积约600余平方米。20世纪90年代前，葫芦塘只是香山顶上一个约800平方米的池塘。四周草深林密，塘中芦苇摇曳，水深约1米，有无尾螺蛳繁衍。1994年，对葫芦塘进行改造。葫芦塘的西面和南面建曲折游廊，游廊的两端和中间各建一座飞檐翘角四角凉亭。葫芦塘瓶颈处的水面上建一座石质曲桥，贯通葫芦塘的东西。改造后的葫芦塘，成为游人休闲、观光的好地方。

葫芦塘（2008年）　　潘建伟　提供

荷花茶厅（2014 年）

荷花茶厅 又称荷厅、茶厅。原位于香山采香禅院内第二进大圣殿东首，一排五间，坐北朝南。采香禅院为香山朝南三官堂住持智坤和尚所建。茶厅门额上有两江总督

潘建伟 提供

左宗棠到香山巡察江防时所书“清凉世界”四个大字。原荷花茶厅在日本侵华战争期间被日军毁坏殆尽。

2005 年 5 月，在山顶广场西侧新建一座荷花茶厅，仿古建筑，坐北朝南，一排六间，内有茶室，东西三间飞檐翘角，正间檐下门额上有“荷花茶厅”四个大字，门柱上有一副对联：“若能杯水如名淡，应信春茶比酒浓”。荷花茶厅东侧建有水面约 100 平方米的池塘，塘内栽有荷花。

听松吟 位于石虎门北侧的山冈上。满岗长满高高挺立的松树。据《澄江刘氏家谱（喜余堂）》记载，1918 年，民族音乐家刘天华到三甲里岳父家省亲小住，常常一个人去香山听松涛、鸟鸣。松涛吟唱、百鸟欢鸣，刘天华的心灵受到了巨大的震撼和启迪，激发了他的创作灵感，谱出二胡名曲《空山鸟语》的初谱。

听松吟的松林在日军侵华时被侵略者砍伐殆尽。新中国成立后，倡导植树造林，听松吟重新焕发生机。2014 年，听松吟山冈上修建瞭望湖环山公路，听松吟西侧的玉蟹池周围，种上了梅花和桃花。梅花、桃花盛开季节，吸引着无数游客前来观赏、游玩。

听松吟（2013 年） 潘建伟 提供

清池 位于荷花茶厅西侧。池呈长方形，面积10多平方米，又名圣清池。

清池（2016年） 张建良 摄

据邑人陈苏《轩月窗集》记载，乾隆十二年（1747）春，乾隆帝驾幸香山，上山途中见一小池，池水碧绿，清澈见底，不觉龙心大悦，遂写下“清池”两字。民国《江阴县续志·卷十八·寺观殿》记载：“光绪甲辰（1904），两江总督魏光焘因日俄之战巡阅江防，由黄山抵香山，小憩于此，题寺旁小池曰圣清池。”1953年，拆除香山采香禅院时，圣清池石碑及池畔黄石被圮。1995年春，对圣清池加以整治，在池的东、西、北侧栽上花草、灌木，蓄清水于池内，并在北侧池壁上方重刻“清池”二字。

藕香湖 又叫七星莲池或宝莲池，位于香山中峰。在莲花盛开的夏天，湖中开出红、白、黄三色莲花。池水清澈，莲花飘香，池周绿树掩映，有无尾螺生存。据《大悲殿记》记载，宋朝时，香山大悲殿住持了凡师太曾在池中手植七株七色荷莲，每年开出四十九朵莲花，故称七星莲池或宝莲池。

藕香湖（2007年） 潘建伟 提供

1995年春，对藕香湖进行整治。整治后的藕香湖，呈梨形，北窄南宽，面积约500平方米；北有藕得廊，南有藕香斋，四周栽有香樟、青松、梅花、樱花等树木。

烽火台 又名烽火墩，位于香山中段西侧山顶。香山一带历来是江防要地。烽火台历史上在长山、凤凰山、镇山、香山的山顶上都有分布，称为土墩石室。石室的顶上建有烽火墩，发现敌情即点放烟火为信号，白天施烟，夜间点火，传递消息。

烽火台（2016 年） 张建良 摄

望江亭（2005 年） 范品才 摄

2005 年，为配合香山风景区建设，在香山中峰西侧仿照古长城垛口，用大青砖建造楼式烽火台，游客可登烽火台，凭吊怀古，居安思危，同时登高望远，观赏香山美景。

望江亭 位于聆峰塔北侧。此亭四角翘起，红柱黄瓦，双层楼阁，向北望去，万里长江，近在眼前，故取名望江亭。从山下仰望此亭，有一种凌空欲飞的气势。望江亭建于 20 世纪 90 年代初，建成后成为香山一个新的名胜景点。同时把望江亭南侧的上山路，改成了望江路。

金鳌出海 香山西峰有一道向南延伸的山冈，当地村民称它为西山门。西山门上草深林密，郁郁葱葱，远远看去，墨绿色的西山门仿佛一只从长江中游出来的巨大海龟（香山北边的长江有江尾海头之称），人们将这种有趣的景观，称为“金鳌出海”。

竹海 香山竹海，位于香山陵两侧及后面的东山村鹁鸪墩龙岗上，面积约 12 公顷。鹁鸪墩龙岗上长着密密麻麻的毛竹。远远望去，仿佛绿色海洋。一棵棵修长的毛竹，粗的直径有 16 ~ 20 厘米，高约十余米，一般的毛竹直径也有 8 ~ 10 厘米，高约八九米。竹干挺拔，竹叶青翠。

链接：湮没胜迹

镇山 位于香山东北，相传古时山上有虹蜺出现，天落陨石镇之，故谓“镇山”。该山东西长 0.9 千米，南北宽 0.5 千米，占地 0.45 平方千米，海拔 66.8 米。山北建有镇海庵，山北石壁下有桃源洞（归云洞）。2009 年广陵书社《江上诗钞·卷十三》第 1207 页诗云：“昔有虹霓出此山，镇星陨化任回环。老僧独立惊奇石，云看无心作岫闲。”2005 年，因开山采石，镇山被夷为平地。2014 年开始，镇山遗址由中铁城建集团有限公司承建为香山花苑居民安置小区。

钓鱼台　位于香山东北麓原望江亭下的江边，有姜太公临江垂钓、在钓矶上留下钉鞋履痕的轶事传说。明后期，地方官府还为古钓鱼台建造钓亭、转溪回廊，镌刻钓鱼台石碑。清江阴县令蔡澍曾重修钓鱼台。后遭战火，加上自然风化，至清末仅剩一块钓矶。1974 年，香山北麓村民开采香山石料，钓矶被毁。

石虎门　又叫石库门或东山门。位于大香山与小香山的交界处。据传，石虎门未形成之前，大香山的东南有一道山冈延伸连接小香山，陆路从吴郡到江阴、常州，此山冈是必经之路，但要翻越山冈，很不方便。后来，地方官府命百姓在两山交界处，凿出了一条狭长山道，两边山冈石壁，如虎伏踞其上，地势十分险要，仅容一人一骑通过，有一夫当关，万夫莫开之势。自此，人们将此山道称为石虎门。

由于战乱，长江北移，石虎门渐渐失去军事要隘价值，随着香山风景区道路建设，其变成了一条宽阔的风景区公路。

天台石　位于长山东。长山东麓北侧的长江，清前称江尾海头。《扬子秋涛·卷四十》有诗云："香山与真山，天台及石屋。秋至好观涛，雪浪喷林木。"清乾隆《江阴县志·卷二·山川》记载："长山，旧名真山……由樵径折北，下视全山，皆注江中，怪石嵌空，森矗似熊罴狮豹欲攫人者。临江峭壁中，空下垂为大小天台，其下则石室，空洞杳冥，人迹所罕及。"天台石及石室空洞于 20 世纪 60 年代末被当地村民开山采石所毁。

和尚石　位于小镇山东北坡，石头港的西侧。据江阴旧志记载，唐朝武后垂拱年间（685—688），镇山出现虹蜺，天降陨石镇之。此石在小镇山东北坡上，高约 3 米，占地约 6 平方米，重数吨，形似和尚，头大如斗，光滑圆润，有颈有肩，背靠镇山，面向长江，远看似坐在江边望海沉思的老和尚，因此，当地村民称它为和尚石，也称老僧石。明崇祯《江阴县志·卷一·山川》记载："其头液出为雨兆。"由于和尚石有预报晴、雨天气的功能，引来文人墨客、商贾人士前来观赏，并留下描写和尚石的诗句。

其中，清乾隆《江阴县志·卷二·古迹》陈芝诗云：“此地前朝大海流，平沙莽莽尽荒丘。惟余顽石滩头坐，似叹兴亡暗点头。”和尚石在1958年11月因拓浚张家港运河时被毁。

归云洞　又名桃源洞或朝烟洞，位于镇山北石壁下，面向长江。该洞高约3米，宽约5米，深达数十米，坐南朝北，直对江天。

古时候，镇山以北是汪洋大海，北侧山体因受海浪的冲刷和侵蚀，形成陡峭崖壁。崖下有一溶洞，由于洞内外温差较大，早晨常有云雾从洞中吐出，傍晚云雾又回到洞中，故称归云洞。又因山上遍种桃树，每年春季桃花盛开，风景秀丽，归云洞又叫桃源洞。洞中飘出的白色云雾，酷似早上百姓烟囱中冒出的烟雾，土名又称朝烟洞。归云洞在20世纪90年代初因村民采石被毁。

巫门夜雨　昔日著名的澄江八景之一。明前，巫山子立于长江之中，地处江尾海头，巫山以东是海，以西是江，称为江海门户，称作巫子门。巫子即巫山，门就是江海之门。这是产生巫门夜雨的先决条件。其次，傍晚下雨之时，才能见到巫门夜雨奇景。《江上诗钞·卷三》有诗云：“巫子门前沙拥波，泊舟黑夜雨滂沱。龙呼匣剑辞人去，鸟作飞车送鬼过。剪烛频昏钞细字，看天未旦起狂歌。玉关何处头如雪，明月长竿还挂蓑。”

原来，在长江北移之前，巫山北侧石壁峭立，平直如门，左右嶙峋对峙，各分12层。夜晚骤雨袭来，击打石壁，飘入石缝，殊有奇观，形成所谓巫门夜雨。明中叶后，由于长江北移，周围环境变化，陡峭岩石已被树木覆盖，虽常有夜间骤雨，已无法再现当年巫门夜雨之景了。

扬子秋涛　昔日澄江八景之一。扬子即扬子江（古代南京以下的长江称扬子江），也就是长江。秋涛，指秋天的江涛。扬子秋涛，是指农历八月十八大潮汐之时，巫子门（即巫山）江面浪急潮涌，潮峰倾涛泻浪，势如万马奔腾，其景甚为壮观。《江上诗钞·卷三》有诗云：“大江日日潮流地，八月飞涛半天来。高蹴一门危立海，散驰千道般崩雷。鸟惊断碛都相失，鲸挂横山不及回。寄语北来能赋客，江南奇观迟登台。”

之所以产生扬子秋涛的壮观景象，是因为明末以前巫子门以东的海湾呈喇叭形，到了巫子门喇叭变小了，往西就是长江，潮水急于进入长江，汹涌澎湃，故出现扬子秋涛奇观。明以后，长江北移，尤其到了清后期，双山岛、拦门沙等的形成，江潮难以形成汹涌波涛的景象，扬子秋涛景观消失。

风景名胜

梅岭景区 位于香山西南方。为配合香山风景区建设，将南桃花涧注入的玉蟹池及两侧山岭规划建成香山梅岭景区。该景区占地 20 余公顷，倚山植梅，以梅饰山。植梅万株，品种繁多。置身梅岭，可以在半山茶室品茗闻香，一览万株梅花争奇斗艳、水趣盎然的香山湖。

香山梅岭景区建有水边廊、盆景园、茶展厅、水榭、半山茶室、栈道和重檐草亭等，春暖花开之时，每天游客达数万人。

香山湖景区 位于香山南麓香山梅岭南侧，是利用小香山（香山南面的一座小山）采石遗留下的宕口、小香山支脉滚场礴山四周的 8 个池塘及南侧的沈家泾、高家泾、蔡

香山梅岭（2015 年） 潘建伟 提供

香山湖（2017 年）　　邱亚峰　摄

家泾、西泾头因地制宜扩修而成的景观湖，水域面积 22 公顷。香山湖湖宽水深，水体清洁，能保持一定的水位。当雨水过量，水位过高时，可以通过大丰浜、杨家泾、石头港泄洪并调节水位，不会发生危害。

香山湖中的湖心岛，又称茶岛，占地 8 公顷。岛上种植茶树、杉树、香樟树等，建有观景台、古式廊坊，有两座公路桥梁和一座景观桥梁与陆地相连。湖边建有九曲桥景观及服务设施，常有钓鱼爱好者前来垂钓。湖周建有环湖公路及芳香植物园。每到夜

香山寺（2015 年）

晚，钓鱼爱好者前来夜钓。

香山寺　位于香山老虎背顶峰，依山而建，坐北向南，北高南低，呈阶梯状。占地2万平方米。1993年3月，香山寺奠基，年末建成。1995年8月，时任中国佛教协会咨议委员会副主席、江苏省佛教协会副会长、苏州灵岩寺方丈的明学法师为佛像开光，香山寺正式开放。

该寺建于东汉，距今1700多年，为江南七十二寺之一。北宋靖康二年（1127），白马寺大和尚云游香山后，带领弟子在山上建造南北三官殿、东岳殿、玉皇殿，计房屋数十间。因其建在香山精华之地，故名香山寺。香山寺屡经兴废，“文化大革命”期间被毁。1993年3月，经张家港市政府批准重建。

香山寺中间正门为山门，上方挂有“香山寺”匾额。“香山寺”三个大字为全国政协原副主席、中国佛教协会原会长赵朴初手书。寺内主要建筑有山门殿、天王殿、大雄宝殿、观音殿、韦驮殿、财神殿、千手观音殿、藏经楼、茶室、放生池、五百罗汉石窟等。寺内植有香樟树、白玉兰、芙蓉花、月季花、桂花等树木花草。

邱亚峰　摄

名贤留踪厅（2017 年） 邱亚峰 摄

清廉香山厅（2017 年） 邱亚峰 摄

香山历史文化展示馆 位于香山风景区主入口南侧，仿宋三进院落建筑，占地 1955.2 平方米。是一座集文化展示、科普教育、休闲娱乐等多功能于一体的综合性展示馆。

展示馆围绕“山水人文舞神韵，寻香探古品民风”的布馆主题，分为香山神韵序厅、物华天宝、名贤留踪、歌吟墨影、风土生香、生态香山和香山清廉 7 个展示厅，立体展现了香山近 8000 年的历史遗韵、奇秀盛景、名人传说、古朴民俗场景以及清廉传承，全方位浓缩了香山历史文化。展示馆融入大型 LED 屏、幻影成像、发光地图等高新技术，利用联动感应等现代科技，开展具有趣味性的互动体验活动，近距离引领游客体会香山悠久的历史文化。

樱花园 位于香山东麓明香湖东侧，占地 15 公顷，种植樱花树 5000 余株，品种有染井吉野、晚樱等数种。花色以白色、粉红色为主。花期每年 3 月下旬到 4 月中旬。樱花盛开时节，游人如织。

樱花园（2015 年） 潘建伟 提供

东山村遗址

东山村遗址位于香山东麓，距今约 8000 年，总发掘面积达 2300 余平方米，出土了马家浜文化时期和崧泽文化时期的大量珍贵文物，并首次在长江下游发现马家浜文化晚期的高等级墓葬及崧泽文化早中期的高等级大墓，是长江下游最早的古文化遗址之一。

考古发掘　东山村遗址平面呈圆角方形，探明遗址面积约 27 万平方米，核心区域 2 万多平方米。1989 年 3—4 月，张家港市南沙镇（今南沙办事处）在建镇政府办公楼开挖地基时，建筑工地上发现成片的红色硬土块和大量的陶片以及规整的石块。苏州博物馆与张家港市文物管理委员会办公室组织力量进行了全面勘探，证实这是一处保存完好的新石器时代遗址。勘探人员对该遗址中的 28 平方米进行了第一次抢救性试掘。

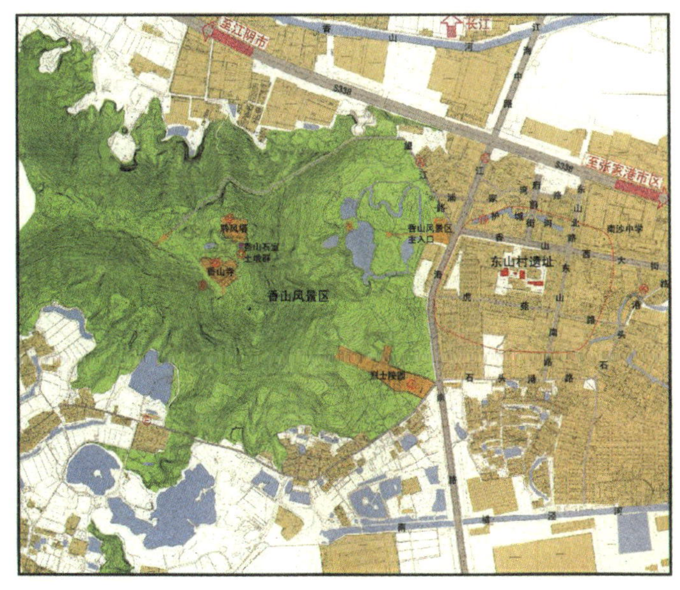

东山村遗址示意图　　徐婷　提供

1990 年 5—7 月，勘探人员又对遗址进行了第二次抢救性发掘，实际发掘面积 90 平方米。考古队对该遗址做了较为详细的调查，初步判断该遗址是一个临江、背山、面湖的聚落遗址。基本确定了遗址核心区的范围。1990 年 6 月，中国东南滨海地区古代文化学术讨论会在张家港市张家港宾馆召开，来自北京、天津、上海、辽宁、山东、江苏、浙江、福建、广东、广西 10 个省市的 86 位考古专家出席会议。经过实地考察和研究论证，与会专家一致认为，东山村遗址是当时太湖流域、长江下游地区已发现的新石器时代文化遗址中最早的遗址，最早的年代距今约 8000 年。

1991 年 12 月，苏州博物馆和张家港市文物管理委员会办公室联合进行第三次科学发掘。三次先后发掘房址 10 座、灰坑 4 处、墓葬 14 座。1995 年，经江苏省人大常委会审议通过，公布东山村遗址为江苏省文物保护单位。

2008 年 8—11 月和 2009 年 3 月至 2010 年 2 月，经国家文物局批准，由南京博物院主持，张家港市文广局、张家港博物馆等单位联合参加，对东山村遗址进行了新一轮较大规模抢救性发掘，发掘面积 2300 平方米，发掘分东、中、西三片区域，分别编为Ⅰ区、Ⅱ区和Ⅲ区，统一按 10×10 米规格布方。

通过勘查和钻探，遗址中部略北为高出周围约 2 米的坡地，此处文化层堆积最为丰富，应为遗址的中心区。1989 年，苏州博物馆调查时，该坡地“西高东低，平均高出周围农田约 4 米，东西长约 260 米、南北宽约 230 米，总面积近 6 万平方米”。由于后期的平整土地和开发，坡地东西长 180 多米，南北宽 140 多米，面积现存约 2.5 万平方米。

东山村遗址崧泽文化大墓　　徐婷　提供

东山村遗址考古发掘（2009 年）　　徐婷　提供

遗址南、东、北三面环河。遗址北边的北横泾还保留一段河道，东面和南面已被淤塞填满。遗址的西侧边界以江海南路为界，再往西即到香山风景区，未勘探到文化层堆积。已经发掘的 2000 多平方米遗址，揭示了崧泽文化时期的聚落，包括房址和墓地。2010 年 1 月，江苏张家港市东山村新石器时代遗址被中国社会科学院评为“2009 年中国六大考古新发现”。2010 年 6 月，江苏省张家港市东山村遗址被国家文物局评为“2009 年度全国十大考古新发现”。2013 年 5 月，东山村遗址被国务院公布为第七批全国重点文物保护单位。

出土文物　东山村遗址发现后，经过多次考古发掘，取得了重要成果。1989 年和 1990 年的两次发掘，发现有马家浜文化和崧泽文化遗存。两次共发现房址 6 座、灰坑 2 处、墓葬 8 座，出土文物有石器、陶器、玉器，共 200 多件，主要有陶罐、陶鼎、陶壶、陶盘、陶豆、陶杯、陶钵、陶鬶、陶釜、石锛、石凿、石斧、石刀、石锥、石钺、砺石、玉镯、玉璜、玉玦、玉锥、玉坠、玉钺等；并发现了稻谷、稻草、红烧土、兽骨、木炭等遗迹遗存，收集陶片标本近万片。由北京大学、南京师范大学分别进行碳十四测定和孢粉分析，第八层距今 7260 ± 60 年（经树轮校正为近 8000 年），第五层距今 5240 ± 60 年（经树轮校正为 5875 ± 74 年）。

玉玦　该玉玦质地为玛瑙，直径 2.9 厘米，颜色呈乳白色，有黄斑，闪光发亮；两面对钻；器形呈 C 形，素面无纹，制作精巧。该玉玦是佩饰玉，为耳饰，是新石器时代马家浜文化遗存的典型器物。

陶鬶 该陶鬶为泥质陶，口径 8.2 厘米、高 20 厘米，质地疏松；颜色为黑色；制法为轮制；形制为敞口，尖唇，漏斗状长束颈，扁鼓腹，下腹内折，圜底，把手和足均为凿形，足残缺。该陶鬶为饮食器，是新石器时代崧泽文化遗存的典型器物。

陶釜 该陶釜质地为夹砂陶，口径 28 厘米、高 42 厘米，胎体厚重，颜色呈红色，手制，经慢轮修整；器形为敞口，平沿，深腹，圜底；素面，有少量弦纹。为炊器，该陶釜是新石器时代马家浜文化的典型器物。

陶豆 该陶豆质地为泥质黑胎黑皮陶；口径 8.8 厘米、底径 15.6 厘米、高 20.4 厘米，制法为手工制作，慢轮修整；形制为直口，圆唇，鼓腹，平底，喇叭状高圈足。豆把上端饰弦纹及镂孔。该陶豆为饮食器，是新石器时代马家浜文化的典型器物。

石斧 黄褐色，圆孔在中间，刃部薄而比较锋利，形状似半圆，通体磨光。

玉璜 92 号墓出土。最大径宽 16.7 厘米，外围弧度长 21.5 厘米，器身宽 2 厘米，为国内所见崧泽文化玉器中最长的玉璜，器身上钻有 5 个系孔。

玉锥 该玉锥具良渚文化时期玉器的风格，锥身中间处最宽，截面近方形，顶端有

出土器物（一） 刘金坤 提供

出土器物（二） 刘金坤 提供

穿孔，已残。素面无纹饰。长 8.8 厘米，宽 1.2 厘米。

玉镯 玉质青白色，圆环状，外部圆润，内壁直滑。出土时，套于 92 号墓墓主手臂上，应当为崧泽文化早期饰件。

玉坠 玉质呈淡黄色，整体呈锥形，通体光滑，顶端另有小立柱，上钻有小孔，出土于 92 号墓，比较罕见。

玉钺 长 14.1 厘米、刃宽 6.1 厘米。石质青白色，整体秀长，比其他石钺宽扁，磨制光滑，刃部无锋，近顶端处有圆形钻孔一个，钻孔中间有旋纹，两面对钻痕迹明显，出土于 91 号大墓墓主左侧胸部下方，无使用痕迹，当为墓主生前掌握权柄和身份的象征。

陶豆 泥质陶，敛口盆形，豆柄上饰三组弦纹，弦纹中间空白处饰纵条形镂孔，底座喇叭形敞口。出土于 90 号墓，时代在崧泽文化早期。

陶杯 泥质陶，外部施黑衣，上部口沿微敞，筒状直口，溜肩，筒状腹，平底微凹，腹上部两边各有环状把，在腹下部靠近底部处装饰有鱼鳍状突起，很有特色。

石锥 90 号墓出土。石锥磨制非常光滑，器身上有一制作疤痕，锥尖刃扁平，有明显使用的痕迹。该石锥含铁量非常高，用磁铁靠近可吸住，质地应为铁矿石。伴随出土一件砺石、一堆石英砂等器物，推测为一套制玉工具。表明墓主人生前握有生产玉器的大权，其身份和地位非常显赫。该套制玉工具为深入了解和研究当时的制玉生产及工艺流程提供了宝贵的实物资料。

石钺 石质为青灰色，体量较为宽大，呈扁圆形，钻孔比较大，为圆形，内壁光滑。出土于90号墓的东北部，在起取该石钺时，发现石钺下方的土面上印有多道斜向朱砂痕迹，分析应该是石钺圆孔左右两边的彩绘。

遗址墓葬

马家浜文化时期墓葬 马家浜文化时期的墓葬，主要发现在东区的1506号探方内和西区的0611号探方内，共发现了11座。东区1506号探方内发现6座。西区0611号探方及西边扩方发现5座。11座墓葬的方向大致成西北—东南方向，大小基本相同，长1.9米左右，宽0.7米左右。墓葬内的随葬品不多，一般随葬两三件器物。质地以泥质红陶为主，另有少量的夹砂红陶、泥质黑陶，器型有陶釜、喇叭形圈足豆、陶盆、陶杯、尖底器等。

崧泽文化时期聚落 发掘显示，遗址的东区均是小型墓；中区主要是建筑区，发现有5座房址；遗址的西区主要是大型墓。

中区房址 中区5座房址编号为1号到5号，其中1号和2号房址保存较好。

1号房址，位于1209号探方和1210号探方内，为地面建筑，有大面积的红烧土倒

20世纪90年代东山村遗址现场　　徐婷　提供

塌堆积。房址平面呈长方形，接近正南北方向，南北长 14.7 米、东西宽 5.75 米，面积约 85 平方米。经初步清理，在房址的北部红烧土下发现有陶豆、陶罐、陶釜、玉玦、石斧等 10 多件器物。因此，1 号房址的年代属于崧泽文化早期。

2 号房址，形制与 1 号房址相似，同样有大面积红烧土倒塌堆积，外围发现有柱洞。揭露的现状南北长 8.1 米、东西宽 6.3 米，面积约 50 平方米。房址北部向北延伸。

东区墓地　东山村遗址发现的崧泽文化时期的墓葬，主要在遗址的东区和西区。东区墓地均是小型墓，共清理了 27 座。这批墓葬在时代上有早晚差别。墓的长宽多数一致，长 2.2 米左右，宽 0.8 米左右，方向基本一致。墓葬内人骨基本腐朽不存，仅个别有人骨痕迹。随葬品多数比较丰富，多在 10 件以上，个别墓葬随葬品有 26 件之多，随葬品较少的只有两三件器物。随葬品绝大多数放置在墓主的左右两侧和脚部，排列比较整齐。27 座墓葬共出土陶器、石器、玉器等 140 多件。

西区墓地　西区墓地主要是大型墓，共发现了 9 座崧泽文化早中期高等级大墓。在马家浜文化时期，该处为小高地，崧泽文化时期的大墓即埋葬在小高地的南面坡地上。崧泽文化早中期高等级大墓的方向基本一致，为西北—东南走向，尚未发现有打破关系。长度多数在 3 米左右，宽度多在 1.6 米左右。随葬品数量多在 30 件以上，有陶器、石器、玉器等。玉器的数量多在 10 件以上。石器和玉器主要放置在墓主的身上、头部和脚部，陶器主要放置在墓主的四周。

红色印迹

金港镇具有光荣的革命传统，无数仁人志士为了追求真理，争取民族独立和人民解放，前赴后继，英勇奋斗，谱写了一首首气壮山河、可歌可泣的壮烈诗篇，留下了后塍农民暴动纪念地、占文桥农民暴动纪念地、蔡悲鸿办公旧址纪念地、孙逊群烈士纪念地、茅学勤烈士纪念地、拦门沙地下交通站纪念地、护漕港情报总站纪念地、棍子圩地下招兵站纪念地、血战南横套纪念地、收缴伪军武装纪念地、江心遭遇战纪念地、巫山渡江战役登陆纪念地和张家港市烈士陵园 13 处革命纪念地。

后塍农民暴动纪念地　又名学勤广场，位于后塍村塍东路、塍西路与人民路交叉路口。广场所在地原是城隍庙，俗称法水庵。第二次国内革命战争时期，国民党江阴县公安局第三分局设在法水庵内。1927 年 11 月至 1928 年 3 月，在后塍四次农民暴动中，农暴队员不畏强暴，不怕牺牲，多次冲入公安局，与反动警察搏斗，夺枪支、救同胞、惩恶霸、除叛徒，沉重打击了国民党反动派和地方豪绅的反动统治，鼓励了农民群众的斗志。新中国成立后，法水庵房屋先后改作后塍供销合作社门市部、国营商业公司营业楼，后拆除。现仅存清雍正年间（1723—1735）进士张廷槐在乾隆十六年（1751）撰写的《后陈镇[①]新建城隍神庙碑记》。2004 年 8 月，法水庵所在地建成后塍中心广场。

2009 年 6 月，后塍农民暴动纪念地被确定为张家港市首批革命纪念地。2010 年 12 月，为纪念农民暴动领袖茅学勤等革命先烈，弘扬光荣革命传统，将后塍中心广场改名为学勤广场。

后塍农民暴动纪念地（2015 年）　　邱亚峰　摄

① 后塍镇曾用名后陈镇。

蔡悲鸿办公旧址纪念地（2010 年） 邱亚峰 摄

蔡悲鸿办公旧址纪念地 蔡悲鸿（1913—1952），又名蔡志伦、蔡辉，上海南汇人。1940 年 12 月至 1941 年 2 月，任中共沙洲县工作委员会书记兼办事处主任。1941 年 2 月至 8 月，任中共沙洲县委委员、沙洲县抗日民主政府县长兼江防局局长。

蔡悲鸿办公旧址位于长江村东昇社区。当时，由于县政府无固定办公地点，蔡悲鸿经常流动办公，现存的这处办公旧址是其流动办公室之一。这所房屋是后塍中学退休老师赵观玄祖上留下的老宅。蔡悲鸿之所以选择这所老宅，一是因为村里群众觉悟较高。二是因为此处比较隐蔽，不引人注目。三是因为此处南进北撤十分方便，南进可以快速越过横套河，进入后塍集镇；北撤可以退入十字港茫茫芦苇滩中。四是这样小巧、坚实的瓦房在当时、当地不易找到。2009 年 6 月，蔡悲鸿办公旧址被列为控制保护建筑。

巫山渡江战役登陆纪念地 位于巫山之巅。1949 年 4 月 21 日夜，中国人民解放军第三野战军第二十九军八十五师二五三团、二五四团、二五五团从靖江县（今靖江市）新港起航，强渡长江，进军江南，分别在境内双山沙、长山、巫山港登陆，与国民党守军激战。至 22 日拂晓，二五五团攻占巫山地区。为纪念在巫山渡江战役中牺牲的人民解放军指战员，1992 年 4 月，张家港市委、市政府于巫山之巅建立巫山渡江战役登陆纪念碑。

纪念碑坐北朝南，碑体为磨光四川红花岗石，长 5.55 米，宽 0.4 米，高 3.1 米。碑座为浅灰色金山石，雕有水纹，长 4.05 米，宽 1.4 米，高 0.75 米。碑基为浅灰色金山石，长 8.75 米，宽 4.6 米。碑正面刻有“渡江战役登陆纪念”八个大字，背面镌刻“渡江登陆纪略”。

巫山渡江战役登陆纪念地（2013 年） 徐婷 提供

1995 年 4 月，巫山渡江战役登陆纪念地被列为张家港市爱国主义教育基地。2007 年 7 月，巫山渡江战役登陆纪念地被列为张家港市文物保护单位。

张家港市烈士陵园 又名香山陵，位于香山东麓的陈家湾，西靠香山，南、北接香山东坡垄岗，东以江海南路为界，为纪念第一次国内革命战争时期、抗日战争时期、解放战争时期和社会主义建设时期的革命烈士而建。

香山陵占地面积 2.37 万平方米，前身为沙洲公墓，1991 年，经张家港市人大会议通过，迁建至香山风景区。是年 12 月动工兴建，翌年 4 月举行落成和搬迁典礼。香山陵面向正东，呈矩形方阵，以仿古园林建筑为特色，融自然风光于一体，内有九座纪念建筑物，分别是香山陵石牌坊、贯虹桥和沙洲农民暴动起义，革命烈士英勇就义，中共沙洲县委、沙洲县抗日民主政府成立，沙洲抗日游击根据地四座石刻纪念群雕以及革命烈士纪念馆、革命烈士纪念碑、烈士忠骨存放室等。

香山陵于 1995 年 4 月、2006 年 8 月两次被公布为张家港市爱国主义教育基地，1995 年 6 月，被列为张家港市文物保护单位，同年 7 月，被列为张家港市烈士纪念建筑物保护单位。

香山陵入口处有一石牌坊，牌坊匾额前后两面，均镌刻着“香山陵”3 个镏金大字，由时任全国人大常委会副委员长彭冲题写。进入香山陵石牌坊，走过贯虹桥，陵园中轴线上是一条长约 300 米的瞻仰大道，由 4 个路段、42 级台阶组成，寓意烈士陵园为纪念全市光荣牺牲的革命烈士，在历经 4 个时期，张家港市解放 42 周年而迁建。瞻仰大道南北两侧各有两座石刻纪念群雕，均高约 9 米，黑色大理石镶嵌在基座正面中央，上面

香山陵牌坊（2015 年）　　邱亚峰　摄

纪念群雕（2013 年）　　顾荣福　提供

镂刻着铭文或碑记。

香山陵中部北侧，建有革命烈士纪念馆。纪念馆面南而立，由一厅两厢加外廊组成，建筑面积 265 平方米。门廊上方悬挂“革命烈士纪念馆”7 个大字。馆内正中央的英名录共记载自 1927—2015 年张家港市（沙洲县）光荣牺牲的革命烈士 470 人，西部和北部走廊两侧是具有重大历史影响的 33 位烈士的生平事迹介绍，并展示有烈士生前照片 72 幅，图片 23 幅，烈士遗物 4 件，烈士铜像 1 尊。纪念馆两侧栽植青松、翠竹、梅树等。

革命烈士纪念馆外景（2011 年）　　顾荣福　提供

位于香山陵西部正中的革命烈士纪念碑，背靠香山主峰，高达 19.28 米。“19.28”这个数字，有着深刻的内涵：张家港市第一位共产党员孙逊群牺牲于 1927 年，农民运动领袖茅学勤牺牲于 1929 年，“19.28”是两位烈士牺牲年份的平均值再除以 100 而得出的数字。纪念碑上镂刻着江苏省时任省委书记江渭清题写的“革命先烈永垂不朽”八个镏金大字。悼念台与纪念碑合为一体，建筑面积 1790 平方米，地面和碑面均系金山石铺贴，四周设置护栏。

革命烈士纪念碑（2014 年）　　顾荣福　提供

古集镇

大桥镇 位于香山南麓。明嘉靖《江阴县志·图·宋志全境图》记载，图上标有石头港、横河，证明宋就有石头港。石头港与横河交汇处北侧南端，架拱形三跨石桥一座，曰大桥。来往船只在大桥两侧设摊形成集市。明洪武二十七年（1394），宋魏国公张浚后裔大桥张氏第十世孙张广德首来江阴东江（长山村高峰），后命第三子大中举家迁大桥定居。清康熙三年（1664）江阴县设大桥镇。清道光《江阴县志·卷首·图》记载，大桥镇区域内有1市（詹文市）2街（后塍街、张家港街）。大桥镇的香山地区原是战略要地，其中大香山和小香山中间的石虎门历来是兵家必争之地。大桥从康熙三年（1664）建镇算起，至1912年撤镇建乡止，有248年建镇历史。

三甲里 位于金港镇中南部。清道光末年建成集市，称三省街，民国期间称三省镇。清实行保甲制时，大桥镇有八个甲里，因其地处第三个甲里而得名三甲里。

清光绪《江阴县志·卷二·疆域镇保》记载："大桥镇……西北有三甲里小集。"三甲里街建成后，由于商业繁荣，外地客商来三甲里经商设店，市场十分兴旺。

三甲里名人众多，其中有卖掉私田捐资办学的殷念乔，江苏省名老中医郁祖祺，中国比较教育学创始人之一的王承绪，《易进代数》编者郁祖同，中国基督教协会原副会长、江苏省基督教协会原会长蒋佩芬等。

占文桥街 位于金港镇西南。明末清初，河南汝州詹、文两姓避乱来此，就地经商，并共同出资在东横河上造一座桥，取名詹文桥。从而方便了河两岸的来往，桥头便形成了集市，至清乾隆初期繁盛起来，清道光（1821—1850）时称詹文市。新中国成立后，称占文桥街。

1958年，冬拓浚东横河，沿河南半边街的门面拆去，剩北半边街道和李家弄集市，集市境内的三座桥梁分别拆去，1959年，重建1座占文桥，集市从此走向衰落。

港上 位于张家港运河与巫山港交汇处南岸三角地带。南北向街道长约 200 米，宽约 5 米。清光绪年间（1875—1908），有陈姓和沈姓两家富户在此建商业街。王家埭的向姓、徐姓、陈姓富户见商业街兴旺，便在商业街旁建 20 余间门面房，与商业街连成一条长约 200 米的街道。因商业街在张家港与巫山港交汇处，即取名“港上”。1956—1957 年，南沙人民政府设在港上。港上街道设有饭店、酒店、旅社、杂货店、供销社、信用社等商铺 60 余家。街上还有港上中心小学、港上联合诊所等单位。

1958 年冬季，开挖张家港运河，老张家港北段成为张家港运河的一部分，南段逐渐淤塞，船只不能通航，港上集镇逐渐衰落。2014 年，因镇山小区建设，港上拆除。

王家埭 位于金港镇长山村东南部。因王氏先祖于明正德年间（1506—1521）到此定居，故名王家埭。王家埭街鼎盛期是清乾隆年间（1736—1795）至新中国成立初期，街道上有各种店铺 50 余家，王家埭的向仁记布庄，每天凌晨 3 点起，四面八方的人就去布庄排队交布。民国时期，王家埭有驻军、设南沙乡，集市比较兴旺。1956 年 5 月以后，乡政府迁往港上，王家埭集市渐渐衰落，变成一个自然村落。

后塍镇 位于金港镇东南部。据旧志记载，后塍原名后陈，系明万历年间（1573—1620）从常熟到该地开垦沙滩的陈少元第四代曾孙陈天益开建。清康熙三十八年（1699）建街。1934 年始称后塍镇。该镇是百年兴学重教之地，苏州市武术之乡。后塍的雷沟大布、后塍黄酒、后塍竹编为江苏省非物质文化遗产，后塍弹棉絮张家港市非物质文化遗产。

德积街 位于金港镇东北部，距市区 18 千米，东与大新镇交界。始于德顺镇的德积街，原是江阴县东北古集镇，因明末和民国两次失火，重建的街市不在同一条线上，人们称为脱节街。为讨吉利，后人把“脱节”改为“德积”。寓有积德行善消灾、人丁兴旺之意。

抗日战争时期，这里曾是兵家必争之地，流传着勇斗鬼子的肖老大、无名英雄李雪云、张妈妈及时送情报等抗日故事。解放战争时期，这里是地下党联络点和武工队临时立足点。

1949 年 4 月 22 日，德积地区解放后，德积街曾为江阴县晨阳区政府和德积乡政府驻地。1957 年，撤区并乡，新德积乡政府驻地护漕港集镇，德积街的商业逐渐萎缩、冷落。

护漕港 位于金港镇东北部，因地跨护漕港，故以港定名。清道光二年（1822）护漕港建立街市，开设店铺，后逐渐扩大。至新中国成立前夕，已有大小商店36家。新中国成立后，护漕港集镇为德积乡（公社、镇）政府驻地，是德积经济、文化、教育、商业的中心。集镇建有学校、银行、粮管所、邮电所、卫生院等单位。

护漕港集镇濒临长江，历来是江防要地。清同治年间（1862—1874）就有清军驻扎。国民党军警及日伪军都曾驻防护漕港。护漕港也是中共沙洲地下党组织传递情报、接送人员、运送物资的地下交通站。

太字圩港 位于金港镇东北部，因横跨太字圩港而得名。1918年，有祝姓与周姓商定，在太字圩港木桥两边开设盐局、鱼行，有了集市，渐渐形成一条长100多米、宽4米的街道。街道上有南货店、小吃店、药店、肉铺、理发店、花行和粮行等10余家。新中国成立后，该集镇曾经是太字乡人民政府驻地，1959年后，新建了一条长300米、宽6米的新街。

1993年，太字圩港集镇东西向街面拓宽至20米，同时向东扩建南北街道200米。1995年，集镇新建了800平方米的太字商场及占地1000多平方米的农贸市场。至2015年，太字圩港集镇建有居民住宅楼、混凝土街道，有50余家工业企业，70余个商业网点，成为一个繁荣的滨江临港农村集镇。

西五节桥 位于金港镇西北部，因中兴老套港上有东、西两座五节木桥，而该集镇形成于西五节木桥处，故以桥命名西五节桥。

清同治十年（1871），时中正乡朱雪涛在西五节桥造街建房，渐成集市。1922年，小镇设有南货店、粮行、茶馆和酒店等店铺。

新中国成立后，西五节桥先后成为中兴乡政府、中兴公社管委会和中兴镇政府的所在地。1978年后，原来狭小的街道，拓宽成一条长约400多米、宽6米的街道。1986年，新建了一条长约600米、宽约12米的安定街（又称中兴街），办起了供销合作社、小学、中学、卫生院和农贸市场，有数十家商店。1992年，西五节桥建造了通往张家港保税区的钢筋混凝土公路桥。2015年，西五节桥建有数十幢公寓式居民住宅楼、上百个商店，有集贸市场、供电所、邮电所、交警中队、银行、宾馆、酒店等，成为金港镇区通往张家港保税区的要地。

古井桥梁

毗陵寺井 又名饮马井。位于香山西北麓长山村。西汉时期，因香山属毗陵郡而得名。传说西汉时，大将军彭越东征，率大军途经此处，将士干渴难忍，遂掘流泉淤泥为井，这就是毗陵寺井的雏形。东汉末年，在此修建毗陵寺时，方丈对水井进行了整治。该井筒体直径约1.5米，内壁石砌，井底铺木槽板，上有六角形青石井圈。井水冬暖夏凉，甘甜生津，清澈见底。井内水位不管连绵阴雨还是久旱无雨，都基本保持不变，既不外溢也不干涸。据史料记载，西汉时期，毗陵寺井是一眼流涌泉，究其成因，是因为该井处于香山、长山、凤凰山之间的洼地，地势低于地下水位所致。1984年，毗陵寺井被张家港市定为文物保护单位。毗陵寺井是金港镇最古老的水井之一，自开凿至2015年已有2000余年的历史。

毗陵寺井（2014年） 刘金坤 提供

六朝古井 位于南沙香山西大街南侧，历经隋、唐、宋、元、明、清6个朝代，故命名为六朝古井。

六朝古井（1990年） 范品才 摄

1992年春，在南沙镇党委办公楼南侧开挖池塘时，发现了这口古井。经过考古专家仔细勘查，发现古井井壁是用带榫异型砖砌成，砖呈红、黄、青3色，叩之有金属声。古井上下部位的异型砖尺寸各不相同，摆放也很有讲究，下层的榫眼较小，上层的榫眼较大，由此，专家们推断，井砖是定做而成。据考证，异型砖出现于秦朝，而带榫眼的异型砖唯南北朝独有。该井直径约1米，深13.8米，井深大约是普通家用水井的2倍，从周围的地形推断，彼时可能是用于灌溉山坡上的农田。挖古井时，井中还出土了陶罐、瓷碗、龟背壳、网坠等20余件文物，现都陈列在张家港市博物馆。

据考证，此古井距今已有1400多年，为了保护古井，在池塘中央井的上方盖了一座六角凉亭，亭子中的石鼓墩全部选用上好金山石雕凿而成，红漆木柱，墨绿色屋瓦。在井的北侧用太湖石堆成假山，石拱形桥、九曲桥与陆地相连，池塘周围铺有鹅卵石小径，整个布局和古井融为一体，形成了一个景点。1992年8月，六角古井被张家港市列为文物保护单位。

大桥驿站古井 又称大桥古井，位于东横河北侧与石头港东岸交界处的大桥驿站，故名大桥驿站古井。从明嘉靖《江阴县志》记载《宋志全境图》看，宋朝之前就有石头港。石头港入横河处建有一石桥，名大桥。大桥下的石头港是漕运要道，船客在大桥边交换物资逐渐成集市。古时为了方便传递政府文书，沿途设有驿站，大桥驿站因此而设。该井在驿站东北角，用于驿站生活用水。历代修竣东横河，泥土堆积，故井已叠加4个井圈，井圈有青石、有麻石，由于取水的人多，井圈上的绳痕很深。1934年大旱，东横河枯渴，井水未降，水质极佳，味甘甜。20世纪80年代，随着家用水井的兴起和自来水的应用，东横河的船工航运也用上了机器，到井中取水的人越来越少，大桥古井慢慢地变成了一口“枯井”。2015年10月，村民重新清理古井内的淤泥，恢复古井原貌，井的水质极佳。

会元古井 位于香山西北侧的山脚下，至2015年已有千余年历史。据东宝灵庵长发和尚藏本《东浮集》记载，有钱唐人章石者，唐亡后流寄香山北麓大悲庵，受慈源师太济茅屋数楹，在龙家湾山脚下掘井饮用，以度光阴。明末张士诚曾在香山驻军，在山上修筑烽火台，在山北围垦荒地，开挖河道，建造桥梁，清理了该井。后来，张士诚与朱元璋在巫子门大战，战败后不久自缢。到了清朝，当地人怀念张士诚在这里为民造福，便将他修建的桥和井分别叫作张公桥、张公井。

清乾隆年间（1736—1795），有乡人考中会元，得入翰林院，为侍讲。后因兵乱回故里，见张公井、张公桥年久风蚀，损坏严重，便重修该井和桥。当地人为纪念乡人，便把张公井、张公桥改名为会元井、会元桥，流传至今。

2008 年 3 月，张家港市博物馆将会元古井列为不可移动文物加以保护。在古井的东、南、西三侧，用石块砌了 2 米多高的防护墙。井周地面上，用石块铺设了 10 多平方米的平台，可供 7 ~ 8 人同时取水。古井口径 1.75 米，深 2 米。

大桥　位于占文村境内的石头港南端，东西走向，最初为砂石曲拱三孔高桥，跨度 18 米左右，宽达 3 米，高约 4 米。大桥两边装有护栏，青石装饰，护栏上有八仙浮雕，栩栩如生。桥面正中有一块 80 厘米的正方形石板，脚踏有声，故大桥又名响板大桥，此桥闻名吴中，是古大桥镇的四奇之一。明正德年间（1506—1521），由乡人二榜进士陈诞、陈谱兄弟捐资修建过。清乾隆《江阴县志・卷五・杠梁》记载，清乾隆二年（1737），江阴知县蔡澍带头捐俸禄集资对大桥进行重建。1937 年被毁，1938 年春改建平板木桥。现为水泥平板桥，麻石条桥墩，长约 13 米，宽约 2.5 米，高 5 米余，中间航道 6 米。南北走向的白蛇港、石头港与东横河交叉成十字形，大桥就处于十字形北侧的石头港南端。

占文桥　位于占文村境内东横河上。清顺治元年（1644），詹、文两姻亲为避战乱，从河南汝州来到江阴大桥经商定居。为方便东横河南北的村民耕种和出行，詹、文两姻亲出资，于东横河上架木桥一座，南北走向，长约 15 米、宽约 2 米，以詹、文两家的姓氏命名，称詹文桥。清顺治十三年（1656），木桥改建为砖石结构，三孔拱形石桥，长宽同木桥，高六七米，石桥两头坡度约 30 度，大大方便、促进了东横河两岸村民的交往，詹文桥集市逐渐形成。清同治九年（1870），江阴县令汪坤厚捐款重建詹文桥，为花岗岩桥墩，三孔拱形石桥。后又经过多次维修。新中国成立后更名占文桥。

1988 年 9 月，占文村投资将桥址向西移至陆家弄口，新建占文大桥，采用混凝土结构，桁架拱形桥，两边有护栏，桥两头有路灯。桥长 38.96 米，宽 6.36 米，高 8 米，载重 10 吨。2002 年，原地重建占文大桥，为混凝土结构，平板桥，长 43 米，宽 6.8 米，载重 30 吨。

龙角桥　位于杨舍镇和金港镇的交界，原为三节木桥，东西走向，横跨在蔡港河上。该桥是朱家宕村去泗港镇区和杨舍市区的主要通道。明永乐年间（1403—1424），为了方便蔡港两侧居民通行，民间集资造桥。因在蔡港附近有一龙王庙，其庙屋顶翘角方向正对其桥，人们将桥讹称为龙角桥。20 世纪 80 年代，由朱家宕村出资改建混凝土曲拱桥，2002 年 8 月，重建混凝土桁架平板桥。桥长 14.2 米，宽 5.5 米，跨度 8 米，可通一般运输车辆。

文星桥 位于后塍集镇东部文星路，文星新村以北，南北走向，横跨南横套河。清道光三十年（1850），当地举人陈荫南在皇宫任职，封官授田。他回家乡在套河北建60余间仓房，因套河南有5公顷粮田，为方便佃户来回耕种，便在套河上建了一座木桥。陈氏造桥，一是为了方便自己佃户种地，同时也为出行的百姓提供了便利，当地百姓认为他做了件大好事，将他讹称为文曲星下凡，故取桥名文星桥。后多次维修。2002年6月，为了配合市政建设，拆除旧桥，重建桁梁式混凝土新桥。桥面宽8米，长33米，载重20吨以上。

共和桥 位于后塍人民北路南横套与天生港交汇处。东西走向，西接后塍北街，与人民北路、人民桥相连，北通北套沿路。共和桥是后塍天主堂神甫朱季球于1916年在天生港上兴建的一座木桥，接通了南横套河上的通兴桥。桥建成后，神甫朱季球将桥命名为共和桥，意为：建桥改善了东西之间的共同往来，世世代代和睦相处。木桥属单孔桥梁，用四根长粗木作桁，桥面铺设木板，两边有木栏。后因年久失修，老化严重，1980年，重建水泥混凝土桥梁，桥长18米，宽4.5米，距离河面净高7米，桥面载重5吨。

通兴桥 位于后塍中街与北街之间的南横套河上，南北走向。桥名寓意“南北沟通，兴旺发达”，故称通兴桥。该桥原是一座简易木桥，年久失修，非常危险。1915年，由后塍天主堂神甫朱季球与时大南乡集资改建。桥用砂石条建成，桥长17米，宽2.8米，中间航道为13米，两边桥洞相距各2米，属三节斜坡平板石桥。1981年，通兴桥因不适应机动车等通行而拆除。1981年，通兴桥拆除。2006年，又重建长25米、宽8米的混凝土平板桥，仍用通兴桥命名。

通兴桥（2017年） 邱亚峰 摄

张家港桥（2017 年）　　邱亚峰　摄

碾砣桥　又名星隆桥，位于金港镇后塍集镇东南，朱家宕村碾砣桥自然村东首的马嘶泾河上。因桥墩用若干石碾砣构筑而成，故名碾砣桥。该桥始建于明末清初，南北走向，桥面用长 6 米、宽 0.7 米、厚 0.5 米的两块砂石条搭成，宽 1.4 米，能通独轮木车。桥面西侧刻有“星隆桥”三字。桥下马嘶泾河弯弯曲曲，东通蔡港，西连陈沟，是马嘶泾河道上南来北往的唯一交通桥梁。

张家港桥　位于长江中路，东西向横跨张家港运河，距入江口 1.5 千米。因横跨张家港运河而得名。该桥最早为木桥，始建于清同治三年（1864），时称安利桥。1936 年维修，1958 年，拓浚张家港运河时，拆去旧木桥，建成圬式结构节制闸，节制闸旁建张家港桥，木结构桥面。1968 年，改为钢筋混凝土桥面。1993 年 6 月，节制闸北移，在张家港桥原址上改建钢筋混凝土结构公路桥，桥长 91 米，宽 22 米，1995 年 8 月竣工通车。桥面为双向四车道，分机动车道、非机动车道和人行道。2015 年 5 月，该桥改建双向 6 车道三幅式桥梁，中间行车道宽 40 米，两边人行道宽 4.6 米。[①]

护漕港桥　位于德积镇区中心，东西走向，因桥横跨护漕港而得名。该桥原名丰亨桥，清咸丰六年（1856）始建，木质结构。光绪四年（1878）重修石块架木桥。20 世纪 60 年代，建成水泥平板桥，长 15 米，宽 3.5 米。1975 年，重建成砖拱桥，更名护漕港桥。1984 年 12 月，改建三跨平板桥，长 16.5 米，宽 8 米。2001 年，重建三跨平板桥，长 12.8 米，宽 12.6 米。桥面能通行 20 吨汽车，桥下可通航 10 ～ 25 吨船舶。

---

① 改建的张家港桥于 2016 年 9 月 30 日竣工通车。

旅游服务

旅游线路 上海—香山风景区：从上海长途汽车北站乘车，经沿江高速公路至张家港客运站，转乘228路公交车西线，经张杨公路（338省道）直达香山风景区。

苏州—香山风景区：从苏州长途汽车北站（或南站）乘车，经苏虞张一级公路至张家港客运站，转乘228路公交车西线，经张杨公路（338省道）直达香山风景区。

无锡—香山风景区：从无锡长途汽车站乘车，经锡张高速公路至张家港客运站，转乘228路公交车西线，经张杨公路（338省道）直达香山风景区。

南京—香山风景区：从南京长途汽车站乘车，经沿江高速公路至张家港客运站，转乘228路公交车西线，经张杨公路（338省道）直达香山风景区。或从南京乘车至江阴，由江阴乘车至金港，转乘312、316路公交车直达香山风景区。

扬州—香山风景区：从扬州长途汽车站乘车，经江阴长江大桥至江阴，由江阴乘车至金港，转乘312、316路公交车达香山风景区。

从香山风景区游客中心出发，到各个景点观景，游客可以乘坐观光电动车或步行。

观光电动车第一条线路：从钓鱼亭出发，向北经望江路至山顶圣过潭，可继续乘车经香山寺、望湖路到山南梅岭。第二条线路：从钓鱼亭出发，向南经香山陵、石虎门到达山南游客中心观看香山湖或香山梅岭。

游客上山观景有5条步行线路：第一条，从沁香楼西侧拾级而上，步行700多级石阶经藏军洞到达聆风塔；第二条，从南侧采香径牌坊拾级而上，经梦香轩、闻香亭、老虎嘴折向南到达香山寺；第三条，从南桃花涧入口沿栈道而上到达荷花茶厅；第四条，从玉蟹池西岸沿石阶而上，经80多米松林直达荷花茶厅；第五条，从石虎门沿望湖路经听松岭、竹海、观景台折向南到达香山寺。

游客中心 国家AAAA级旅游景区香山风景区游客中心位于香山广场北侧，为古色古香的多间平房建筑。建筑面积 160 平方米，内设电视机、触摸屏、医务室、寄存处、咨询台、书架、报架，投诉处理接待室及饮水、雨伞、推车等免费设施。游客中心门前为 5000 平方米的游客集散广场，右侧为旅游售票处，左侧为文明旅游展示室、绿山军志愿服务站和香山书吧等。

旅游服务 随着国家 AAAA 级香山旅游风景区的开发和发展，张家港保税区（金港镇）旅游服务业迅速崛起，主要有住宿、餐饮、购物等服务类型。香山旅游风景区周边规模较大的宾馆和酒店有 5 家，规模较小的饭店有 6 家，面馆有 4 家，小吃店有 3 家。规模较大的超市有 3 家，珠宝店有 1 家。

风土风情

短短的芦芽、肥美的河豚，解开过苏轼的迁谪之痛，也滋养着勤劳能干的金港人。江河特产名闻遐迩，后塍竹编独具匠心，更有那喜闻乐见的香山山歌、香山小调，洋溢着人们对美好生活的憧憬。

时光易逝，唯有乡土风情永不消逝。它以特有的方言与习俗，融入在祖祖辈辈的生活中，成为乡土文化的符号和精神图腾。

金港镇地处长江南岸，南部丘陵起伏，北部土地平坦。境内四季分明，土地肥沃，物产丰富。地方特产品种繁多，名闻遐迩，刀鱼、鲥鱼、河豚被誉为“长江三鲜”。民间工艺精巧细致，独具匠心，后塍竹编技艺被纳入江苏省非物质文化遗产。唱滩簧、香山山歌、香山小调等民间艺术形式多样，喜闻乐见。民间武术有南沙著名的四大拳场。衣食住行、节日风俗、婚嫁习俗颇具特色。特色小吃，名目繁多，金港蟛蜞豆腐、后塍梅花糕，沙上黄豆酱，为人青睐。

地方特产

江河特产

鲥鱼 属海产鱼类，盛产于长江中下游，为金港一带水产珍品。鲥鱼为季节性鱼类，夏初农业移植秧苗季节（俗称入莳），鲥鱼上市，“莳”过去了，鲥鱼就捉不到了。《本草纲目》载：鲥鱼“夏初时有，余月则无，故名”。鲥鱼身长30厘米左右，重量1千克上下，体侧扁，背部黑绿色，腹部银白色，头小身肥硕，鳞下脂肪丰腴，鳞可食。鲥鱼营养丰富，肉味鲜美。

刀鱼 体形狭长侧薄，身呈银白色，头大腹宽尾尖，颇似一把杀猪尖刀，故名刀鱼。刀鱼属洄游鱼类，每年春季，刀鱼成群溯江而上，在江河口产卵，形成鱼汛。农谚有“春潮迷雾出刀鱼”之说，就是说，春季长江涨潮时，又遇雾天，是捉刀鱼的好时机。捕捉刀鱼的工具主要是丝网，丝网的网眼为“漏三指”，即网眼可伸三个手指头，适合刀鱼钻进去。由于刀鱼腹宽，其头钻进了丝网眼，而腹部就钻不过去了，刀鱼就挂在丝网上了。刀鱼红烧、清蒸均可，不必去鳞，味道鲜美，口感细腻，是“长江鲜”中的佳品，广受人们青睐。

河豚 与鲥鱼、刀鱼并称“长江三鲜”。河豚体呈椭圆形，头圆口小，背部呈黑褐色，有花斑纹，腹部白色，有肉刺、无鳞、无胆，腹如球，有气囊，能吸气膨胀，俗称

“气鼓子”。每年农历正月后，河豚从东海游进长江产卵，金港一带的长江水域是河豚高产区。每年雨水节气，河豚上市，一般身长 0.2 ~ 0.3 米，体重 1 千克左右。渔民捕捉河豚，常用的工具是滚钩。一排排带有尖钩的滚钩，放在长江里，河豚撞在滚钩上就跑不掉。河豚肉味鲜美，营养丰富，口感独特。宋《明道杂志》曾称它为“水族中之奇味也”，民间也有“吃了河豚百无味”的俗语。

洄鱼 亦称白吉、江团，是长江中的一种底层鱼类。鱼身光滑无鳞，呈灰褐色，前部扁平，后部侧扁，一般长 60 厘米左右，境内长江水域一年四季均有捕获，以春夏季产量为高。洄鱼肉嫩，无刺，味鲜，尤以菜花盛开时为最，俗称“菜花白吉”，是一时令佳肴。烹饪洄鱼红烧、白煮均可，其鳔胶质、肥厚、柔软可口。

子鲚 俗称鲚鱼，是凤尾鱼中的雌鱼。鱼体侧扁，尾部延长，银白色，一般为 15 厘米左右，体重 15 ~ 20 克，腹内有大量鱼卵，含有较多的油脂、磷酸盐及钙质，是长江名贵的经济鱼类。鲚鱼在立夏前后集群进入长江作生殖洄游，五六月为捕捞期，鲜鱼大多销往上海制作罐头食品。鲚鱼晒干后可长时间保存，煮熟后香醇可口。

长江虾 长江虾是长江水域的著名水产，有长江青虾和长江白虾两种。长江青虾甲壳厚实、半透明，呈青褐色，故称青虾。长江青虾头大额宽，额角带有锯齿，两根触须长而敏捷，眼睛略长、透明，两足细长有力，便于觅食和自卫。每年农历四五月，长江青虾便到江滩寻找食物，繁殖后代，尤喜在芦苇丛和草丛停留，此时，渔民便用网捕捞。有人会带上水桶、竹帘，拣那些水色混浊，且有虾活动迹象的小水坑，先用竹帘拦好，然后用水桶把水坑里的水舀出，看到青虾背皮时，便可手到擒来。长江白虾体型较小，一般 3 ~ 5 厘米，甲壳薄而透明，死后呈浅白色，故称白虾。白虾额角发达，触角带刺，喜欢集群，繁殖季节能连续抱卵，幼体蚤状，几经脱皮逐渐生长，捕捞季节在农历八九月份。长江虾煮法简单，只需把虾冲洗干净，放入锅中，加上酒、葱、姜、盐等佐料煮熟即可，其肉质硬实，味道鲜美，营养丰富。

蚬子 形状为圆底三角形，长约 3 ~ 4 厘米，外有介壳，呈黑褐色、青绿色或白色。其铰合部有主齿 2 ~ 3 枚，侧齿一枚。蚬肉厚实，肉质鲜美。蚬肉炒韭菜，是境内一道传统美食。

蚬子喜欢生长在河港水边和沙滩上。每当河港退潮的时候，水位随着降低，原来隐身水中的一只只蚬子原形毕露，星罗棋布地散落在港边河滩上。这时只要带上虾笼或马夹袋，脱掉鞋袜，挽起裤管，看准蚬子，即可手到擒来。蚬子多时，来不及抓，可以用手去捋，一捋就可以捋到好几只蚬子。抓蚬子要抓紧时间，潮水一来，蚬子就会被淹没。蚬子肉含有蛋白质、多种维生素和钙、磷、铁、硒等人体所需的多种营养物质。

小白虾　因形体小，甲壳，触须呈银白色，故名小白虾。小白虾生长在港河水边，随潮起潮落而活动。金港地域通江河道盛产小白虾。每到潮起潮落，拖虾人就用拖网拖虾，把带有铁链的拖网，系在一根长长的绳子上，然后慢慢向前拖，拖一段时间后即收网。拖虾人除去网内杂物，把小白虾倒入盛虾竹篮里，然后再拖，等竹篮里的小白虾增多时，拖虾人便收起拖网，把小白虾淘洗干净，掮着拖网，提着竹篮，走村串巷去卖。

小白虾单独烘炒，加入佐料，是难得的下酒菜。小白虾和韭菜、黄瓜、茄子之类炒着吃，可以增加鲜味。放在酱里做成白虾面酱，可以增加食欲。小白虾干可以放在豆腐花里，增加香味。小白虾还可以做成白虾面汤等。小白虾含有丰富的钙，食用时不必吐壳去触须。

芦笋　金港一带江河水边有一种草本植物，外形像茭白，但其基部肥硕部分已退化，人们称之为芦笋。芦笋是季节性食物，每年农历三四月，芦笋上市，至农历五月底，芦笋长老，就不可食用。因此，每年芦笋上市时，农户就用镰刀将芦笋茎秆割下，装入袋子，拿回家去。但这还不是可以吃的芦笋，还得将其外壳剥去，才能食用。剥去外壳的芦笋，白嫩嫩，脆生生，吃在嘴里嫩生生，甜滋滋。

芦笋有多种烹饪方法，常见的有清炒、炒蛋两种。芦笋清炒只需把洗净的芦笋切成3厘米左右的小段，然后放入油锅中炒煮，加入适量黄酒、食盐等佐料，煮沸三分钟左右即可。其味鲜嫩可口，是一道难得的素菜。芦笋炒鸡蛋的做法是：先将鸡蛋打开搅匀，放入油锅中略煎，使之凝固，然后倒入切好的芦笋再炒，加入佐料，烧煮二三分钟就成，吃时口感鲜嫩有香味。

菱　金港地域紧靠长江，河道纵横，水面宽广，农家利用河面种植菱。每年农历五六月份，菱叶浮上水面，逐步长大、开花、结菱。待到八月中秋节前后，菱就长大成熟、面市。

菱分青菱和红菱，境内青菱较多，红菱少许。青菱呈青色，通常长有两只角，所以又称两角菱；红菱呈紫红色，通常长有四个角，因此又称四角菱。菱的表皮虽有青、红之分，但菱肉都为白色。菱可以生吃，也可以煮熟了吃。生菱肉甜嫩，略带涩味；熟菱肉硬实，带有香味。

因菱与伶、玲谐音，人们常常把菱作为吉祥之物送人。男女结婚当年，男方在八月中秋节前要给女方送八月半礼，红菱即是其中必不可少的礼品。寓意是新娘生出男孩聪明伶俐，生出女孩娇小玲珑。特别是中秋节后，开学前夕，长辈给晚辈送书包，书包里总要装些菱，寄托孩子上学读书头脑灵活聪明的美好愿望。

其他特产

沙洲优黄　后塍地区的黄酒始酿于清，距今已有100多年的历史。清光绪四年（1878），后塍南街已开办汤恒元、鼎源隆等6家私人槽坊。新中国成立后，这些私营槽坊实行联营，成立了后塍澄新酒厂，生产后塍黄酒。之后，酒厂几经更名，至1999年企业改制，更名为江苏张家港酿酒有限公司。

江苏张家港酿酒有限公司在后塍黄酒传统酿酒工艺的基础上，几经开发研究，优化和完善生产技艺，形成了新的黄酒品种——沙洲优黄，进而推广出沙洲优黄二年陈、三年陈、五年陈、六年陈、八年陈等不同品种。

沙洲优黄主要原料是糯米、粳米、水、酒药和酒曲。主要器具和设备是土灶、蒸桶、木榨、缸、甏、锡壶、木车、扒头、木桶、箩等。其制作需要经过过筛、浸渍、蒸饭、摊冷、落缸、发酵、压榨、澄清、煎酒、装坛等十几道工序。所酿黄酒色泽金黄，酒体协调、清亮透明、醇厚爽口，不仅深受上海、苏州等地消费者的欢迎，还远销海外，成为全国黄酒行业的重点品牌。

自1999年起，江苏张家港酿酒有限公司不断投入资金，建成生产能力4万吨的灌制车间以及设备先进的检测中心，打造了酿制和储存3.5万吨黄酒的酿造基地。同时，聘请专家教授，成立黄酒研究所，致力技术攻关和产品开发，酿造更为广大人民群众喜爱的沙洲优黄新品种。2007年5月，沙洲优黄酿制技艺被列入江苏省非物质文化遗产。

装酒的空坛上蒸杀菌（2007年）　季樱　提供

锡壶煮酒（2007年）　季樱　提供

沙洲优黄生产线（2013 年）　　严子洋　摄

江苏张家港酿酒有限公司厂区（2013 年）　　苏栋汇　提供

雷沟大布　雷沟大布是古雷沟地区生产的一种土布，已有 400 多年的历史。古雷沟地区即现在的后塍、南沙地区。宋元年间，雷沟地区民间广泛植棉，纺纱、织布。有“家家机声、户户纺纱”的美称。到了明清期间，雷沟大布为江南一绝，享誉海内外。北京的瑞蚨祥、南京的恒源大、扬州的老协升等布庄均畅销雷沟大布，并远销到东南亚一带。雷沟地区各集镇更是布庄林立，染坊遍布，每天生产雷沟大布 1.5 万 ~ 2 万匹左右，雷沟大布盛极一时。

雷沟大布的传统工艺比较讲究，自农田棉花收上之后，经过剥籽、弹花、卷棉条、纺纱、戽纱、经纱、浆纱、染色、晾晒、做筒管、上盘头、穿综、织布等十几道工序。这套数百年流传下来的纺织工序，既不能缺失，也不能颠倒，必须按先后顺序一一完成。传统的工序形成整套的专用工具：有剥棉花用的剥花机，弹花用的弹弓，卷棉条用的压棉板、纺纱用的纺车、锭子、罗管，戽纱用的戽车，浆纱用的浆缸和绞棒，经纱用的经车和筒管，穿综用的综筘，扳纱用的盘头，织布用的织机和梭子。清光绪年间（1875—1908），发明了装有梭船、梭槽的手拉抽梭织布机，功效比手工穿梭织布提高一

民间收集的织布机（2015 年）　　　　苏栋汇　提供

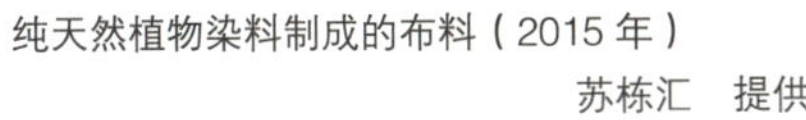

纯天然植物染料制成的布料（2015 年）
苏栋汇　提供

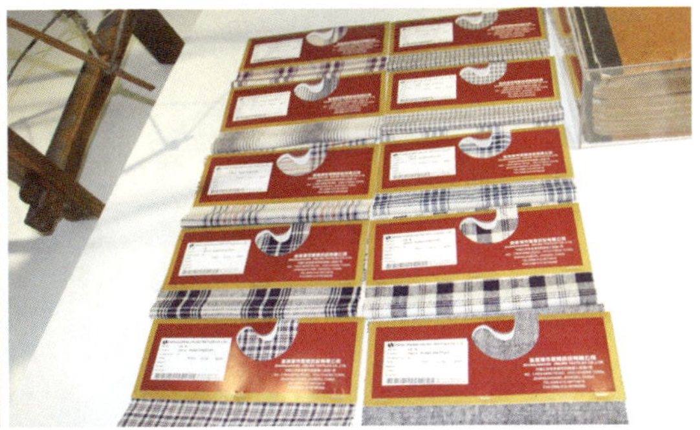

雷沟大布样品（2015 年）　苏栋汇　提供

倍。民国初年又发明了四柱手拉梭机、铁木机。

雷沟大布以纯棉线织造，质地紧密，布身厚实，柔软耐磨，保暖性好，吸汗性强，花色多样，广泛用于服装、鞋袜、帽子、手套，头巾、围裙、床单、包袱等制作，深受百姓喜爱。

新中国成立后，雷沟大布得到很好的传承和发展，村村巷巷有织机，大多农户会纺纱。1958 年，组建后塍、南沙棉织社，各大队（村）相继办织布厂。1974 年，一部分雷沟大布的技术骨干和管理人员从棉织社分流出来 16 台织布机，建立了后塍第三化纤厂。1997 年，后塍第三化纤厂更名为张家港市金陵纺织有限公司。为了保存雷沟大布的工艺价值和历史，对旧时的雷沟大布及其织染工具进行搜集、保存，建立了雷沟大布纺织工艺、工具陈列室。2011 年 6 月，雷沟大布手工技艺被列入苏州市非物质文化遗产。2015 年 10 月，入选江苏省非物质文化遗产。

雷沟大布陈列室（2015 年）　苏栋汇　提供

雷沟大布在上海世博会展览（2010 年） 苏栋汇 提供

山北算盘 1972 年，美国总统尼克松访华期间，到上海市第二百货商店参观购物。他看到柜台内小巧玲珑，制作精致的算盘，久久不愿离去，最终选了一把，带回美国。这事在 1972 年成为境内算盘生产厂家——南沙山北算盘厂和整个香山地区的热门新闻。

1939 年，境内香山一带就生产算盘，那时候是私人作坊，规模不大。新中国成立不久，香山北面的山北、长山和镇山村的村民先后办起了算盘作坊。1958 年人民公社时，由少数人合办的算盘作坊收归为村办企业，成立了算盘厂，工匠增多，规模扩大，销路拓宽。

山北算盘的主要原料有花果树、白果树、柏树、杂树、红木等，辅料有铁钉、铁皮、竹芯、铜芯、油漆等。根据原料不同，山北算盘分普通算盘和高档算盘。普通算盘由普通材质制作，高档算盘由红木制作。那个时代，普通算盘一般每把为 1 ~ 3 元，高档算盘一般每把为 5.6 ~ 17 元。山北算盘的规格主要有三种——13 位数、15 位数和 17 位数。每位算盘珠数一般为 7 粒，上面 2 粒，下面 5 粒。

山北算盘的生产工艺是：先将购买的原材料锯成各种规格的算盘框档，再制成算盘珠子，根据算盘珠子大小尺寸的需要，用脚踏车床车圆，然后将算盘框档、珠子批膏、上漆、打磨。与此同时，根据算盘的大小，选配算盘芯子，一般选用直而光滑的竹芯。最后是装配和包装。装配时，四只角上用铁皮或铜皮加固，对于15位、17位数的较大算盘，中间还要配上2根铜芯子，以增加牢固度。包装用牢固的木条箱封存，以免外运时碰撞或挤压损坏算盘。

20世纪70年代是山北算盘的鼎盛时期，当时最高年产量达到3万多把，主要销往无锡、苏州、上海以及苏北各县市。算盘作为当时学校、商店、机关、企业的主要计算工具，在历史上发挥了重要作用。进入20世纪90年代，随着计算器和计算机的普遍应用，算盘逐步失去了计算优势，生产企业逐渐被淘汰。

高峰茶叶 产于长山村境内。茶园地处长江南岸、坡势平缓、水气充足、气候湿润，远离“三废”（废水、废气、废渣），适宜茶叶生长。因当地有女婴被鹿叼入山中吸鹿奶长大的传说，故所产茶叶取名高峰鹿液牌系列茶。

高峰鹿液牌系列茶，主要有白莲茶、暨阳雁翎茶、名毫茶和烘炒青茶四个品种，其中前三种为精制名茶，后一种为大宗茶。白莲茶采用清明前一芽一叶初展、谷雨前一芽一叶鲜叶为原料精制而成，外形卷曲、条索紧细，白毫满披，冲泡后清香四溢，沁人心

高峰茶场采茶（2016年） 苏栋汇 提供

牌。暨阳雁翎茶同样采用清明或谷雨前的一芽一叶初展或一芽一叶鲜叶为原料，精细加工而成。名毫茶采用谷雨前一芽一叶鲜叶为原料，精制加工而成，条索紧细、茸毫满披、碧色诱人、气香味醇。烘炒青茶以一芽二叶、一芽三叶鲜叶为原料，加工后条索紧结、色泽青绿，口感、香气，耐冲泡程度较好。

高峰鹿液牌系列茶叶（2016 年）　　苏栋汇　提供

高峰鹿液牌系列茶分春、秋两季采摘，以谷雨前采摘的茶叶质量最佳。采下的茶叶由高峰茶场自己焙炒。茶场占地面积 80 公顷，其中 3 个茶树种植基地面积 25.33 公顷，年产新鲜茶叶 125 吨，加工鹿液牌系列成品茶 25 吨。2005 年，鹿液牌茶叶经农业部食品质量监督检测中心检测，符合绿色食品质量标准要求，认定为绿色食品。2008 年，高峰茶场使用的鹿液牌商标被苏州市工商行政管理局认定为苏州市知名商标，并通过 QS 质量安全认证。

河蚌珍珠　河蚌养殖需选大面积清洁水域，把河蚌系在绳子上，吊在尼龙绳上悬于水中，上系空雪碧瓶子或泡沫等，任其自然生长。待到河蚌中的珍珠层生长出银白色的珍珠时，即可小心翼翼地撬开外壳，取出珍珠，称为蚌珠。

蚌珠经过精心加工制作，可以制成珍珠项链、手链、戒指、耳坠等多种首饰品，广受人们喜爱。蚌珠还有美容作用和药用功效。擦抹蚌珠粉能滋润皮肤、去斑消皱。早晚用蚌珠轻轻按摩皮肤，能使皮肤光洁、细腻。蚌珠中含有碳酸钙、氧化钙、磷酸钙以及镁、锰、锶、钠、钾等多种元素和氨基酸。

雪山草鸡　2011 年 11 月，占文村与常州立华公司合作，在占文村 3 组、21 组租赁 5.33 公顷土地，创办雪山草鸡第一养殖场，首批成功养殖雪山草鸡 18 万只。2001 年 6 月，在占文西街 10 组、11 组租赁土地 1.6 公顷，建雪山草鸡第二养殖场，9 月开始养殖。同年 10 月，又在占文大坝头河东岸租赁 26 组土地 2.53 公顷，建第三雪山草鸡养殖场，于 2001 年年底开始养殖。

雪山草鸡是引进的西藏藏鸡与本地芦花鸡杂交而成的品种，耐寒抗病，成活率高。成鸡体型中等，脚青腿细，外形美观。公鸡红背黑尾，母鸡麻羽，单个体重 1.25 ~ 1.5

千克，上市日龄公鸡 85 天左右，母鸡 120 天左右，舍内封闭饲养，可以缩短近一半养殖时间。

2008 年年初，由于开发建设香山风景区，占文村雪山草鸡养殖场逐步减少养殖数量，2013 年 10 月停止养殖，养鸡场移至后塍朱家宕村。

金港老白酒 明代境内农家酿酒已很普遍。清光绪年间（1875—1908），后塍、三甲里、占文桥、王家埭等地相继开办了酿酒槽坊，专业酿制老白酒。

老白酒的酿制原料是上等糯米和粳米，一般比例为糯米 80%、粳米 20%。酿制前，先将米淘洗干净，用清水浸泡一夜阴干，然后放入蒸笼，上灶蒸煮。蒸煮时须用树柴旺火，待米蒸熟后，把米饭倒入竹匾里，用少量冷水淋拌，使米粒松开并降至一定温度（一般为 20℃上下），随后撒上酒药拌和（比例为 10 千克米加 1 千克酒药），装入酒缸，盖上缸盖，保持一定温度，让米饭发酵。经过一星期左右发酵后，待闻到酒香，即可拿去缸盖，用清水勾兑（一般 1 千克糯米兑 5 千克左右的水）。兑水以后再盖几天，进行第二次发酵，适当降低温度，二三天后即可榨酒。榨酒时把酒放入榨床，进行压榨，然后将榨出的酒装入酒坛或酒缸，密封数日，即可饮用。

沙上黄豆酱 境内沙上地方都为沙土，保水保肥能力差，适宜种植根瘤菌固氮能力强的黄豆，这为制作沙上黄豆酱创造了有利条件。沙上黄豆酱的制作过程依次是：煮烂黄豆、制作酱块，酱块上黄，晒酱块、下酱、晒酱、搅酱、磨酱。其中，酱块上黄、下酱、搅酱尤为重要，不得要领就会毁酱。黄豆煮烂做成酱块后必须上黄。上黄即是酱块上长出黄色絮毛，表明黄霉菌生长旺盛，酱要味道鲜美，全靠黄霉菌“撮合”，酱块不上黄是难以做出好酱的。酱块上黄的关键是保持一定的温度，天热盖薄些，天冷盖厚些。下酱时间一般在农历四月中、下旬，六月即过了发酵时机。搅酱必须在早上，被太阳晒热的酱搅拌后会发酸变质，搅酱的目的是让整缸酱日晒均匀，提高酱的质量。

沙上人家有句俗话：“富人一本账，穷人一缸酱。”可见沙上黄豆酱的重要。沙上黄豆酱不仅可作烧菜的佐料，而且可以制作各种酱菜。农家常常把自产的菜瓜、萝卜、茄子、洋生姜之类的放入酱中，到一定时间拿出来搭粥下饭，既经济又实惠。有的人家还用自养的鸡、鸭制作酱鸡、酱鸭，不仅可供自家享用，还可用来招待亲友。

香山毛竹笋 每到农历四月前后，香山竹海的毛竹笋破土而出，星星点点，漫山遍野，谓之春笋。春笋生长快速，一天一个样，特别是春雨一浇，迅速崛起，高出地面 30

多厘米。出土的毛竹笋茸毛满披，呈浅褐色，大的超1.5千克，小的也有0.5千克，皮薄肉厚，肉质白嫩，味道鲜美，是香山地区人们常食的蔬菜之一。到了冬季，毛竹笋的芽体再次膨大为笋，称为冬笋。冬笋颜色比春笋略浅，个头较小，但味道更加鲜美，价格更高。香山毛竹笋的食用方法较多，毛竹笋炒鸡蛋、毛竹笋炒雪菜、毛竹笋炒碎肉、毛竹笋骨头汤已成为境内传统美食。

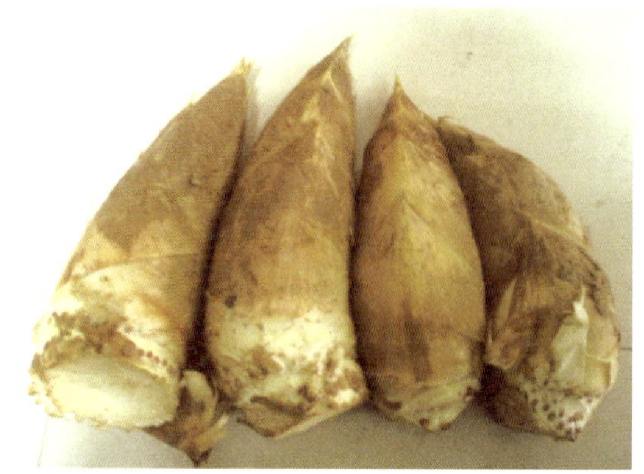

香山毛竹笋（2017年） 刘金坤 提供

金港蟛蜞豆腐 蟛蜞是螃蟹的一种，头胸甲略呈方形，胸前长有二螯，用于进食和自卫，足上有毛，生活在水边泥穴中。蟛蜞可以食用，食用方法有红烧蟛蜞和蟛蜞豆腐两种。红烧蟛蜞虽然味道鲜美，但蟛蜞不如螃蟹肉多，比较精明的吃法是做蟛蜞豆腐。

蟛蜞豆腐是金港一带传统特色菜。具体做法是：选活的蟛蜞洗净去脐、剥壳，放在容器中，用工具捣烂，然后装入纱布袋中，使劲压挤纱袋，让其鲜汁从纱布中流出，盛于锅中，加入适量的清水和佐料烧煮。待烧熟煮透，揭开锅盖，颜色微紫，味道鲜美的蟛蜞豆腐就煮成了。

金港年糕 旧时，境内过年之前，家家户户都要蒸年糕。蒸年糕之前，先要淘米磨米粉。把淘洗晾干的糯米和粳米按一定比例混合（一般为70%糯米，30%粳米）磨成米粉。蒸糕时，一边用大铁锅烧水，一边搅拌米粉。拌米粉要掌握好“下脚水”，即在米粉里洒上适量的水。脚水下重了，米粉要“弥眼”，蒸汽上不来，年糕要夹生；脚水下轻了，米粉不能膨胀，年糕团不拢，一般以“捏得拢、扔得散”为好。等水烧开后，在木制蒸笼底垫上竹帘和纱布，在纱布上撒上一层下好脚水的米粉，然后把木制蒸笼放到水烧开的铁锅边上，铁锅边上垫一圈沾湿的厚布条，以防“走气”。待到蒸笼底层米粉略熟时，再往蒸笼里撒上第二层米粉，这样一层一层地蒸。达到一定厚度时停止撒米粉，盖上蒸笼盖“圆气”（让蒸笼充满蒸汽），等到上层米粉蒸熟后，拿去蒸笼盖，这样一蒸年糕就蒸好了。

蒸年糕时，有的人家还在米粉中加入红豆、红枣、桂花、海棠等，蒸制红豆糕、红枣糕、桂花糕、海棠糕，少数人家蒸制刻有福、禄、寿、禧等字的方块糕。进入21世纪后，境内很多农民成了居民，蒸年糕的人越来越少，但出现了蒸年糕的专业户，他们将年糕拿到市场上出售，居民大多数人到市场上买年糕。

金港油馓子 是金港镇传统小吃，其加工原料为面粉、食油和精盐等。制作方法是：用面粉、食油（菜油更佳）掺入适量精盐（大致比例是10千克面粉用3千克左右食油、400～500克精盐），先将它们和成烂面团，然后用力将烂面团扯拌，使面团起筋，直至不黏手为止。冷置两三个小时后，在面团四周浇上菜油，不断揉搓直至油透，随后将上过油的面团搓拉成粗面条状，盘放在浅口圆缸内（缸底、缸壁预先抹上油，使之不黏粗面条），冷置半天左右（冬天则要一天），随后把面条绕在一双长竹筷子上，一边绕一边把面条拉细，十余圈后折断面条。用一长筷子穿入面条圈内，放入平底油锅里煎炸，同时轻轻地不断抖动，继续拉长面条，待面条呈金黄色时取出，油馓子就制作成功了。

“草鞋底”与麻尖角 是金港人爱吃的两种早点。据传，元朝末年，张士诚的军队在香山东麓与敌厮杀，遇到缺粮困难。当地老百姓为了给张士诚的军队送吃的，便将大饼做成了“草鞋底”模样，夹在一双双草鞋中间，巧妙地躲过了敌人的搜查，于是“草鞋底”这种大饼就传承了下来。麻尖角两头尖尖呈菱形状，和“草鞋底”的原料一样，都为面粉和芝麻，仅模样不同而已。

做“草鞋底”和麻尖角需要一种叫作桶炉的设备。桶炉内壁涂上灰泥，中间做成腰鼓状炉膛，炉膛底部可以生火。做“草鞋底”和麻尖角先要生炉火，然后将“草鞋底”和麻尖角坯子托在手掌中，快速往烧烫的炉膛内壁一按，“草鞋底”和麻尖角就贴好了。待到“草鞋底”和麻尖角烘成金黄色，用长火钳取出即可食用。

贴“草鞋底”和麻尖角时，速度要快，否则，手会被炉膛内的高温烫伤。“草鞋底”、麻尖角酥松可口，有咸、甜两种。“草鞋底”和麻尖角常常与油条同食，旧时有大饼夹油条之说。

后塍梅花糕（2017年） 邱亚峰 摄

后塍梅花糕 后塍梅花糕色香味俱全，购买者络绎不绝。制作梅花糕时，先将面粉用冷水调匀，倒入加热的器具中，再将预先准备好的豆沙馅心（有甜、咸两种）加入面粉内，继续加热。等到面粉快熟时，再在豆沙上浇一薄层面粉，并放些红绿丝，将铁盖盖上。待到梅花糕熟后，拿开铁盖，取出梅花糕。

梅花糕的形状像一只上大下小的四面形小杯，上面的红绿丝像一簇梅花，故名梅花糕。

金港芝麻糖 是金港人民过年时的传统小吃。风味独特，香甜酥脆，小孩大人都喜欢吃。制作金港芝麻糖得准备饴糖（麦芽糖）、芝麻、花生米和少量面粉。饴糖制作比较麻烦，人们大多去糖坊里或糖担上买饴糖饼。先将饴糖饼放入锅内加热，再将芝麻、花生米炒熟，将少量面粉烘熟。待到饴糖饼溶成饴糖浆后，将面粉、芝麻和花生米放入锅中，充分搅拌，制成2厘米厚的芝麻饼，然后趁热用利刀切成薄片，甜蜜蜜、香喷喷、脆生生的芝麻糖就做好了。

后塍羊肉（2014年） 任星海 摄

芝麻糖容易受潮，必须放入密封容器里，否则会还韧失脆。进入21世纪，人们为了方便，大多到市场上或超市内购买现成的芝麻糖。

后塍羊肉 后塍羊肉历史悠久，其中最著名的是袁家桥羊肉和高桥羊肉。袁家桥羊肉有百年历史，方圆百里有名，其肉质鲜嫩，味道极佳，健脾强身，舒筋活血。在袁家桥，有“冬天羊肉补，明春打老虎”之说。高桥羊肉驰名江南，肉嫩、味美。高桥村农民有“春苗夏瓜秋白菜，冬天杀羊捞外快”的说法。每到冬季，后塍袁家桥、高梧庄、陈家码头、沙唐家巷等一些村民，三五合伙到集镇上租房杀羊。锅上面，放一只圆形蒸桶，将杀好的羊放进锅里煮上半天，然后将羊脚、羊腿、羊头、羊眼、羊肝、羊肚、羊腰子等一一拆出炖煮。雪白的瓷碗里，倒入羊汤，将羊腿斩成鸡蛋大小的肉块，堆在瓷盘中，让客人蘸着佐料享用。

鱼羊鲜（2014年） 任星海 摄

民间工艺

后塍竹编　早在北宋时期，就有先民移居境内后塍，开始种竹。先民用竹建房，制作农具，用竹劈成竹篾编织生活用品。

早期，后塍先民的竹编仅限于自用，后来自用有余，便开始出售。市场上出现了竹篮、竹筛、竹匾、竹席、竹椅、竹榻、竹簸箕、竹笼子等竹制品，备受人们喜爱。

由于有了经济效益，从事竹编的工匠日益增多，形成了一种职业。解放初期，后塍集镇上有 20 多家竹匠店。随后创办了后塍竹器社，有几十名职工匠人。20 世纪 70 年代，成立沙洲竹器厂，职工匠人近百人，生产各式生活用品和工艺美术品。产品跻身广交会，出口美国、日本、东南亚各国。

长枎篮（2008 年）　季樱　提供

后塍竹编的工艺流程多样，有选竹、断料、铰节、改条、劈篾、撕篾、蒸篾、着色、钻孔、编织等，其中劈篾、撕篾需要高超的技术。一条篾一般可以劈成二三层，但要劈得更薄就要用牙齿咬着撕。撕出来的篾薄如纸片，便于转弯抹角编织。蒸煮可以使篾条坚韧、防蛀，使用寿命延长。着色能使编织品美观大方。

后塍竹编的使用工具有锯子、砍刀、竹刀、铰刀、刮刀、凹刀、篾针、钻头、打板、篾箍、竹凳等，缺一不可。

后塍竹编传承人陶永飞（2008年） 季樱 提供

后塍竹编的编织技艺有横编、竖编、插编、合编、折边、折角等，可制成各种形状的生活用品和工艺美术品，其中最具代表性的是一组竹屏风，图案栩栩如生，五彩缤纷，轰动一时。传承人之一的陶永飞用竹编技艺制作的巨龙，长30余米，由龙头、龙珠、龙身、龙尾等几部分组成，龙的眼睛、眉骨、龙腮、龙嘴、龙角等工艺复杂，技巧性强，是后塍竹编中的杰作。

后塍竹编源于人们对生产、生活的需求，具有选材本地化、编织工艺化、产品实用化等特点。进入20世纪90年代，竹编制品逐渐减少，但它天然环保、经久耐用、观赏性强，依旧受到人们的青睐。2009年4月，后塍竹编技艺被列入江苏省非物质文化遗产。

南沙雕刻 雕刻是境内一种古老的装饰工艺，其工艺手法主要有阴雕、阳雕（浮雕）、圆雕、透雕（镂空雕刻）、通雕等。清乾隆年间（1736—1795），大桥镇石雕艺人张得发、范老明师徒俩，专门从事石雕，代表作品有香山东麓柏林庵的青石狮子浮雕，大桥、詹文桥、通济桥和永丰桥石栏上的鲤鱼跳龙门浮雕，蒋阁老墓的八仙图石雕等。20世纪40年代至20世纪90年代初期，香山北麓潘家埭人施耀堂祖传三代从事木雕，手艺远近闻名。1981年，施耀堂受常州市邀请，率徒朱进良等赴天宁禅寺主持修复、增补木雕、砖雕装饰工程。其高超的技艺、一丝不苟的工作作风博得管理单位的高度称赞和评价,《常州日报》、常州电视台等媒体分别作了《雕刻工艺大师施耀堂身手不凡》《名不虚传话大师》等报道，其代表作松鼠戏葡萄、凤穿牡丹、送子观音、蝙蝠祥子、五子登科、八仙过海、连中三元、狮子抢绣球等绝活，誉满沙洲、江阴、常州等地。

弹棉絮　金港镇沿江一带属长江冲积平原，沙土土壤适宜种植棉花。自宋以来，就是苏南地区的重要产棉区。因此，当地群众的衣着、棉絮等都由本地出产的棉花制作，民间相继出现纺纱、织布、弹棉絮、团被头等行业。

至 2015 年，金港地区仍保存着手工弹棉絮、团被头等传统手艺。最早的弹棉絮方法是用两根细竹片反复敲打棉皮，使之疏松。后改为敲打竹弓、木制弹弓弓弦，使棉皮成絮。弓弦长 1 ～ 2 米，原用羊肠或牛筋，后改用弹性强、经敲耐用的钢丝。熟练的弹工敲打弓弦具有艺术性、节奏感，弓弦发出“嘡嗒嗒、嘡嗒嗒”的声音。如果敲打的位置或轻重不当，棉皮就会粘在弓弦上，撕拉不下来，直至无法弹动。

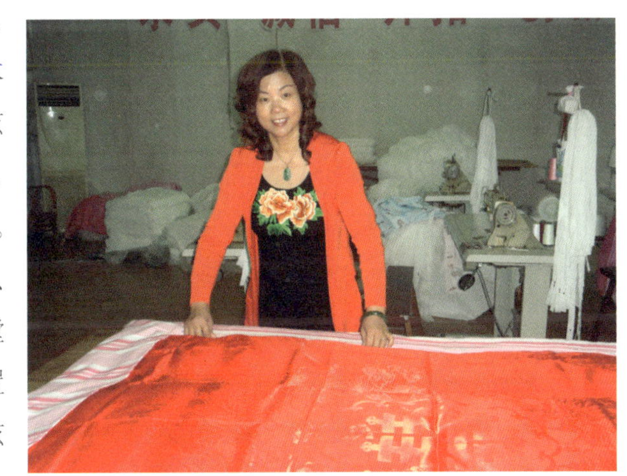

江南手工弹棉絮传承人黄翠萍（2012 年）　季樱　提供

手工弹出的棉絮，软熟透气，牵拉性强，保暖性好。从棉皮到制成一条棉被，要经过调弓、敲弹、开花、去杂、细弹、整形、牵纱、磨合、折角、包装等十多道工序，可制作大小不一、重量不等的喜被、抱裙被、盖被、垫被、窠被等。2013 年 4 月，后塍手工弹棉絮技艺入选张家港市非物质文化遗产。

细弹（2012 年）　季樱　提供

民间艺术

新中国成立前，民间有舞龙灯、走马灯、舞狮子和挑茶酒担等活动。新中国成立后，舞龙灯、舞狮子逐渐减少，云灯舞、马灯舞、敲锣鼓、唱滩簧等在境内传承。每逢正月、集场、庙会、喜庆、文艺演出等，这些民间艺术便大放异彩，为群众喜闻乐见。

马灯舞 源于南宋时期的祭祀文化。表演马灯舞，以及唱马灯山歌，长久以来是境内民众欢度元宵节的一项主要文艺活动。元代，江阴副使陆涣是金港人，为迎合蒙古族马上得天下的主题，推许调马灯、马灯舞及马灯山歌等民间表演，将马灯舞正式列为闹元宵的主要节目。马灯舞的正式表演，延续到20世纪50年代。其范围以香山为中心，南至东横河，北至长江，东至后塍，西至仓廪桥。2011年4月，入选张家港市非物质文化遗产。

云灯舞 相传起源于鹿女飞天的典故。传说，南北朝梁代，长山村民韩文秀入山樵柴，获一由母鹿哺乳的女婴。鹿女长成后，不愿出嫁，愿修行。梁武帝闻知，特敕建至真观。陈代，后主好色，欲强娶鹿女，鹿女投湖自尽。此后，每年七月十五中元节，当地民众便编制彩云灯，载歌载舞以纪念这位烈女——鹿娘。

至宋代，民众将民间武术表演揉入云灯舞中。云灯舞元明清三朝长演不衰，且将大

马灯舞（2013年） 刘金坤 提供

云灯舞（2013年） 刘金坤 提供

众喜闻乐道的大禹治水、目连救母、丘密抗金等故事穿插在表演中。清代时，地方戏曲家李天根、王浮照热衷于搜集民间山歌，编辑《香山十韵》；瞿洪照、瞿铭轩和张文海等教唱香山小调，并将多种曲调融入云灯舞表演，深受各界人士喜爱。2009 年 4 月，云灯舞入选张家港市非物质文化遗产。

敲锣鼓 旧时，每逢佳节、庙会或喜庆活动，都有敲锣鼓的习俗。春节、元宵节，人们敲打新春锣鼓，元宵锣鼓，以增加节日气氛。1949 年，人们敲锣打鼓，庆祝翻身解放。村里青年办婚事、欢送新兵入伍、慰问烈军属；工厂里欢送职工退休等，均敲锣打鼓，以示热烈庆贺。

敲锣打鼓的一套设备有铜锣、鼓、钹、小喜锣及锣槌、鼓槌、小喜锣板。敲打者按一定敲法配合敲打，能发出节奏感强、铿锵有力、热烈欢快的声音。敲锣鼓可以停在原地敲，也可边走边敲，也可几支队伍一起敲。在热烈的庆祝活动中，敲锣鼓再配以轰响的爆竹声，使喜庆气氛更加热烈。

敲锣鼓的敲法较多，常用的有“七二三”“三记头”“闹十番”等。

唱春 20 世纪 60—70 年代，境内流行唱春。唱春人多为家庭贫困而又能说会唱的民间艺人。春节期间，唱春人肩搭布袋（时称龙袋、乾坤袋），手拿春锣（小铜锣）、春板。走村串巷，上门唱春，从而得些钱财或年货，补贴家用。起初 2 人唱，后为 1 人唱。曲调为四季调、五更调等，有老调和新调之分。老调音韵婉转，清雅流畅，新调节奏明快，抑扬欢乐。唱词有唱人、唱物和唱事，如《孟姜女》《十张台子》等。内容按月为 12 段，按季为 4 段。每段一般为 7 字 4 句，除第 3 句外，常押平声韵。

唱春人所到之处，视不同人家、不同对象、不同场合，编词颂唱。若遇到人家建房，则祝贺招财进宝，兴旺发达；若遇到主家老人，则祝福其福如东海，寿比南山；若遇到结婚人家，则祝福夫妻恩爱，早生贵子。

中共十一届三中全会后，乡村工业蓬勃发展，人民生活不断改善，唱春的人逐渐减少。进入 21 世纪，唱春几乎绝迹。

唱滩簧 滩簧在境内流传已久。清以来，滩簧不但城镇有，农村也有。农民在田头干活，也要唱几句滩簧调。除了农忙外，闲暇日子，各地常常搭台唱滩簧。为了吸引观众，有时在一个大场上，搭两个台同时演，形成滩簧对台戏。

滩簧中的小调有《西湖栏杆》《夜夜啼》《小白菜》等数十种；滩簧剧目的折子戏有《战秦琼》《姜皇后》《苏妲己》和《杨贵妃醉酒》等 200 余个。人民公社化时期，由公社文工团替代了滩簧剧组。2000 年后，民间老艺人又开始组织人员到各行政村、自然村和居民小区唱滩簧。

香山小调 又称香山小曲，是香山地区人们千百年来所创作、传承的民间曲调，是吴歌的重要组成部分。香山小调最初产生于魏晋南北朝时期。至隋、唐，较多的民歌得到选择、提炼，而成为说唱、歌舞演出的一部分，称为曲子，它是小调体裁的早期形式。宋、元之后，小调逐渐丰富多彩。明、清时期，人们普遍传唱。小调所反映的社会生活内容极其广泛，它所反映的不仅是农民，而且还有城镇小手工业者、商人、市民和江湖艺技者等各个阶层的爱情婚姻、风土人情、娱乐游戏、民间故事等。如《四季相思》《十绣荷包》《哭小郎》《春风杨柳》和《香山十八景》等。

香山山歌 在香山一带及其周边地区广为流传，其特点是以口头传授、唱本传承为主，不拘形式，不分场合，站着、坐着、登台均可唱，田间、场头、家庭均可唱，可以独唱、对唱、合唱。香山山歌分为号子、开场歌、生活歌、劳动歌、情歌、历史传说歌、风物歌、仪式歌、时政歌、对歌、儿歌等 11 类，反映了香山地区的风土人情、民俗风尚，表现了人民的生活、生产和情趣，是研究香山地区经济、文化、劳作的重要资料。2009 年 4 月，香山山歌入选张家港市非物质文化遗产。下面选录三首香山山歌。

莳秧歌

莳秧要唱莳秧歌，两脚弯弯泥里拖。
背朝天来面朝水，手捏仙草莳六棵。

要养花蚕先种桑

要唱山歌先按方，要养大猪先囤糠。
要做好酒先发酵，要养花蚕先种桑。

摇纱歌

七岁妹妹学摇纱，头上插朵凤仙花。
一根棉条软绵绵，慢得心肠摇成纱。
手指纤纤捻纱头，黄昏摇到五更头。
干饭稀粥全靠她，柴米油盐不用愁。

香山书社 2015年，金港镇书法爱好者蒋才元发动金港地区的书法爱好者，成立了香山书社。书法爱好者缪一松、刘涛等20余人加入，蒋才元任书社社长，聘请南京书法名家唐雪忠为书法艺术顾问。

香山书社成立后，将书法推向社会。书法进学校，进企业，进社区，惠及学校、惠及企业，惠及群众。2015年，香山书社走进沙洲工学院，举办抗战书法橱窗展览，创作了一百多幅有关抗战题材的书法作品，宣传抗战胜利。香山书社走进中粮东海粮油工业（张家港）有限公司，与员工畅谈书法，并现场演示互动，丰富了企业文化。香山书社以香山文化为主题，创作书画作品百余幅，协助金港镇南沙办事处办好橱窗展，参观者络绎不绝。同时参与设计布置南沙居委会办公楼的文化装点，增添南沙居委会办公楼的文化氛围。2015年年底，香山书社连续6天给张家港保税区部分企业送春联。走进德丰社区、后塍中心社区、南沙社区、晨丰社区以及金港邮政银行、农业银行等单位现场书写赠送春联。香山书社与金港镇文明办合作，提供数十幅书法作品，装裱后于香山风景区举行爱心义卖活动，宣传香山文化，惠及香山风景区。协助张家港保税区（金港镇）南沙办事处在香山风景区梅花堂举办“翰墨香山，三老遗风”活动。活动得到南京著名书法家庄希祖、徐纯源等一批当代书法名家的关注，书法名家高二适、萧娴等传人纷纷亲临香山参加活动。张家港市书法协会，张家港市老年书法协会以及金港地区的书法爱好者均来参加。张家港电视台、《张家港日报》大力报道了这次书法盛会。香山书社利用这次书法活动，推广香山文化，展示书法作品，提高了张家港保税区（金港镇）的文化品位。

半农摄影 祖籍金港镇前殷家埭的刘半农是中国摄影理论的奠定者。刘半农于1927年10月出版《半农谈影》，是中国第一部探讨摄影艺术的著作。1929年出版的《北京光学年鉴》系刘半农编辑，是中国最早出版的摄影艺术作品集。

家住南沙柏林村范家坝的摄影爱好者范品才，30多年为摄影四处奔走，不断探索，2001年加入江苏省摄影协会，2008年成为中国摄影家协会会员，其作品多次获奖。范品才不忘传承家乡摄影前辈刘半农的摄影精神，于2010年6月成立了半农摄影协会，并担任会长。范品才家的红艺照相馆成了半农摄影协会会员的驻地。至2017年，半农摄影协会有会员65名，其中骨干会员28名。

半农摄影协会成立后，大力开展摄影采风、摄影讲座、命题创作、观看影展、举行沙龙、举办影展等活动，努力参与各项社会活动，积极参加各级各类摄影比赛。据半农摄影协会活动记录，2011年，半农摄影协会会员5人赴河南云台山、南太行西沟，33人赴江西婺源、皖南、石潭，5人赴泰州凤城河，35人赴常州佳能俱乐部，8人赴如东小洋口，30人赴太仓沙溪，29人赴温州永嘉茗岙、岩头村等地进行采风创作。是年，半农摄影协会会员在香山参与“清明诗歌朗诵会”，在后塍高中北校区参与“童心向党”文艺演出和第八届香山文化艺术节，在双山岛旅游度假区参与“国际自行车比赛”，在张家港市体育馆参与“长江文化艺术节”的摄影和宣传工作。半农摄影协会会员在各级各类比赛中，多人获奖。2015年，半农摄影协会组织成员赴浙江丽水、新安江、江西婺源、安徽南部、新疆喀纳斯等地采风创作，参加金港镇庆祝教师节大会、短程马拉松比赛、元宵节登山比赛等活动的宣传、摄影工作，受到上级宣传部门的一致好评。

民间武术

瞿高巷拳场 以石牌寨为中心，含瞿家巷、高家巷、张家巷、郁家埭、龙家湾、王家埭等自然村。据2013年12月方志出版社出版的《江南香山》载：“明，石牌寨有驻军，士兵500名，部分由本地习武的乡勇充任。”瞿高巷拳场沿袭数百年，至清初，出了一位武艺高超的庄主邢三宝，人称“猴拳王”。清康熙元年（1662），在一次比武中，三立堂瞿氏第十三世奉云公以大洪拳胜邢氏猴拳。传至十九代三友公，入嵩山少林寺习武，以罗汉拳立台为场主，传于侄儿瞿万金、瞿万镒和瞿万钰，江湖上人称“瞿氏三杰”。“瞿氏三杰”

瞿兴尧展示《瞿氏武术谱本》（2016年）
潘建伟 提供

遵循“传子不传婿”的家规，将本门祖传武术传续下来。至 2015 年年末，瞿高巷拳场三立堂瞿氏拳术传承人瞿兴尧，练武 58 年，是张家港市香山民间武术的非物质文化遗产传承人。

邱施村拳场 以老张家港街为中心，含潘家埭、冯家埭、施家埭、邱家埭、唐家埭、张家埭、大圩埭等自然村。明代，邱施村拳场以“长拳”立台，拳勇充任家丁。明嘉靖年间（1522—1566），倭寇屡屡入境抢掠，地方上改进拳场套路和拳种，用竹制矛，设竹桩、竹签、竹篱笆护村，农家所练之功称“竹笆拳”。竹笆拳传承至 2015 年已有 400 余年历史。

郄家巷拳场 以渡船庵庙场为中心，含三甲里、周家弄、陈家埭、半埭头、殷家埭、唐坊圩、七房庄、郄家巷、西庄、窑上、二甲里等自然村。郄家巷拳场创办于清光绪二十年（1894），先由香山土地堂道士悟伦主持。悟伦俗姓梁，袁州人，教习八仙拳。后本地习武壮士蒋根，延请香山采香禅院智坤和尚下山，与悟伦比武，智坤打败悟伦，即在郄家巷拳场执教，教习五虎拳（又称黑虎拳）。1926 年，拳场解散，但村民仍自练自习，沿袭至今。

香山拳场 以古香稷坊为中心，含大桥巷、占文桥街、许家巷、卞家桥、河南巷、小圩里、石柱头、香山前后湾等处。香山拳场是一个古老的拳场，历代拳师都由拳场到外地延聘名师担任。清道光年间（1821—1850），培川堂张氏玉廷公以梅花拳立台，配以通臂拳、小洪拳等。其第二代传承人张得魁为清末江阴县武秀才。拳场延续至 1949 年。

境内除四大拳场外，还有几个以自然村为单位的锻炼身体和防身的小拳场，如：七房庄吴乐田的罗家拳场、黄君秀埭黄士铨的铁冲拳场、瞿家巷蒋添黄的长拳场等。

香山民间武术演出（2017 年） 

武术爱好者训练（2012 年） 季樱 提供

徐中一打马鞍石（2011 年）　季樱　提供

石锁（2011 年）　季樱　提供

香山民间武术，依托众多拳场而兴盛。拳场有一定的规矩，其共性是武德与武术并举。武德的养成，一靠宗族的宗规、家训，二靠拳场内部的武德修炼条约。

保税区（金港镇）“武韵香山”武术舞蹈擂台赛（2014 年）　潘建伟　提供

民间习俗

婚嫁习俗

相亲　旧时，婚姻由父母包办，所谓相亲多数由亲友代相。新中国成立后，男女双方经自由恋爱或介绍人介绍，不久，女方便会通过介绍人到男方相亲，看男方的房屋家产、人品长相等，俗称“看人家”。如果相亲满意，女方会在男方吃饭，如果不满意，女方一般不肯在男方吃饭，婚事即告吹。

订婚　相亲之后，经过一段时间的了解，如果男女双方没有异议，男方便择日订婚（亦称定亲）。订婚之日，男方要办订婚酒（俗称小喜酒），邀请男女双方的亲戚朋友吃订婚酒，亲戚朋友要送红包。在订婚宴席上，男方母亲会领着未来的媳妇“叫人”（称呼长辈），长辈要出“叫钱”。订婚之际，男方要给女方彩礼，俗称礼金、订金。礼金一般为金银首饰和钱。金银首饰一般为金戒指、金耳环、金项链等；钱由过去几百元、几千元发展到几万元。订婚之后，若女方悔婚，礼金退还给男方；若男方悔婚，礼金一般不退还男方。

结婚　旧时，男女双方订婚后，经过一段时间的交往，男方便通过介绍人选择吉日良辰准备结婚。结婚前几个月，男方要送日书（亦称鸾书），用书面形式告知女方结婚的日子。日书要装在红纸信封内，再装入成偶数的喜钱，由介绍人送至女方。女方一般不会接受第一次日书，目的是提高身价或另有要求，还得由介绍人按女方要求送第二次或第三次日书。

结婚当天为正日，男女双方各自在家中办结婚喜酒（俗称“大喜酒”）邀请亲戚朋友吃喜酒，亲戚朋友预先要送人情。正日上午，男方派人随新女婿带着毛竹杠子、红布条等去女方家起嫁妆。女方亲友要“开门赏封”——关紧大门，藏起竹杠，等拿到喜钱、香烟、喜糖后才拿出竹杠，开出大门发嫁妆。嫁妆的多少，视女方经济条件而定。

多则十多杠、五六挑，少则七八杠、三四挑。一般第一扛是头床被（铺在结婚新床上的被子），被中放 5 个红鸡蛋，意为五子登科。接下来是箱子、大柜、八仙台、四仙台等。杠的后面是挑担，主要挑水桶、饭桶、脚盆、洗衣用具等日常用品。一般杠和挑的嫁妆都贴有“囍”字，箱内和桶中放有稻爆米花和稻草芯，稻爆米花意为婚后大发，稻草芯象征金条。嫁妆到了男方家，新被子搬进新房，男方即派人铺床。铺床要用和合被，铺床的人要选夫妻双全、子孙满堂的中老年人，以示吉利。下午，吃过喜酒后，待到天色稍暗，男方催亲人便提着红灯笼，带上旺盆（热脚炉）、爆竹和男方接亲姑娘去女方催亲。催亲时，女方亲友仍要“开门赏封”。到了晚上九点多钟，催亲人连放三次爆竹催亲，新娘依依不舍与家人告别，由兄弟背着上花轿，兄弟也随之去男方做新阿舅。新娘到夫家时，夫家放爆竹迎接，花轿停在堂前，轿前铺上麦柴或稻草，意为黄金铺满地（麦柴或稻草象征金条）。新娘脚踩“金条”走进夫家，举行婚礼，然后送入洞房。洞房门口铺上布袋，新娘踏着布袋进入洞房，意为“传宗接代”。新娘头蒙方巾坐在床沿上，新郎用秤杆挑方巾，意为“称心如意”。接着，男方招待女方伴娘，大家吃团圆饭、闹新房，直到深夜。婚后数日内，境内有“回门”“会亲”之习俗。

20 世纪 90 年代以后，嫁妆不用人扛，而用汽车装；新娘不坐花轿，而坐轿车。办婚宴不用男女双方各自在家里办，而选择大酒店，男女双方合办，聘请婚庆公司策划，举行热闹的结婚典礼。

生育习俗 20 世纪 80 年代前，产妇临盆前夕，娘家要备糖、糕点去探望，叫作“催生”。分娩后，女婿要捉雌鸡或雄鸡（生男孩捉雌鸡、生女孩捉雄鸡），到丈母娘家中去“报生”，并取回活的公鸡（生男孩）或母鸡（生女孩），意为成对。娘家要做小孩衣服，亲友送礼品慰问产妇。礼品有糖、蛋、鸡、猪肉、桂圆、枣、核桃肉、杜酒、状元糕、益母草和油馓子等营养品，俗称“望产妇”。小孩出生三天后，男方家要办“三朝酒”，贺喜的长辈要送压岁钱。境内沙上地区，“三朝酒”结束后，还要吃馄饨和团子，让亲朋好友带回家。婴儿满月要剃去胎毛，用母乳相伴捏成丸形，用彩色丝线串挂在床楣上。产妇满月后，带上糕、馒头、粽子、糖和饼干等，由娘家人接回吃满月饭，把带去的糕和馒头分给娘家的邻居和亲戚；过一段时间回家时，一般也要带和去娘家时一样的礼品，带回分给婆家的邻居和亲戚。进入 21 世纪，男方把原来的“三朝酒”改成百日宴（小孩出生 100 天）。小孩满一周岁要吃“期（jī）团”，长辈要送压岁钱。

寿庆习俗　旧时，境内有庆寿习俗，一般人50岁前只过生日，不办寿酒。少数老人从50岁开始庆贺寿辰。以后逢10庆寿一次，一般做九不做十，即59岁庆60寿。做寿者称寿星（男称寿翁，女称寿母）。50岁为“半百同庆”，60岁为“花果大庆”，70岁为“古稀之庆”，80岁为“眉寿荣庆”，90岁为“返童共庆”，100岁为“百寿大庆”。外嫁的女儿先回家为父母添置寿料贺寿，亲友前来送寿礼，吃寿面、寿酒，恭祝老人健康长寿。80岁起为大庆，定吉日后，寿翁、寿母端坐正堂，由儿、媳、婿、孙等小辈按序跪拜，寿翁、寿母要给小辈压岁钱。堂内挂灯结彩，奏乐，子孙团聚，喜气洋洋，共叙天伦之乐。新中国成立后，一度很少有人庆寿。进入20世纪80年代后，人民群众生活改善，长寿者逐渐增多，给老人庆寿活动时兴起来。参加者一般限于直系亲属，小辈买些衣料、补品及蛋糕为长辈祝寿，礼仪从简。

上梁习俗　旧时，造房选好屋基，定好方位，然后择吉日动土开工。新建房屋上正梁之日，称为“竖屋”。主妇娘家要送方糕、粽子、团圆（谐音团圆）、馒头、面条和用红绸布包的“发禄袋”等；亲友则送喜幛或礼金。上梁吉时一到，鞭炮齐鸣，工匠领头边说好话边将正梁架在“山脊”（架正梁的墙顶端）上，称“上宝（饱）梁”。梁上挂有“发禄袋”，贴有福禄寿、福星高照、紫气东来等横批；柱上贴“上梁喜逢黄道日，竖柱巧遇紫微星”等吉语对联。梁上好后，工匠领头将糖果、糕点、馒头等从东、南、西、北顺次抛下，称“抛梁”。宅主和主妇先用红绸布接“宝”，四邻男女老少随之都来抢接，称“抢抛梁”。新屋落成以后，选定吉日宴请工匠和亲友，称“待匠酒”。亲朋、邻里乡亲都会前往送礼贺喜。此习俗盛行。

生活习俗

衣　民国时期，境内男子一般穿大襟长衫，对襟短衫，女子则穿斜襟衣衫或旗袍，裤子多为直筒式。布料多为家织土布，也有少量士林布、花旗布。20世纪50—60年代，长衫、裙子逐渐减少，流行穿中山装和列宁装等。“文化大革命”期间，青年中流行黄军装。改革开放后，老大布很少见，化纤、丝绸、毛料、呢货需求大增，西装、裙子流行，T恤衫、夹克衫、滑雪衫、腈纶衫、羊毛衫、风雪大衣等受人青睐。进入21世纪，境内居民对穿着的要求是质量好，款式新，夏天一般穿纯棉、涤棉、真丝衬衣和T恤衫，春秋穿西装、西裤、夹克衫，冬天穿羊毛衫、羊绒衫、羽绒服、呢制服、皮革衣、羊毛裤和棉毛裤等服装。

解放初期，境内百姓多穿自制布鞋，男为圆头式，女为搭襻式。遇到下雨天，道路泥泞，就穿钉鞋。钉鞋鞋帮和鞋底都用多层厚布缝制而成，鞋底外层钉有十多颗锥形铁钉，外用桐油油刷至少 5 ～ 6 次，阴干而成，帮硬底坚，防水防滑，是农村雨天出行的理想用鞋。20 世纪 60 年代，钉鞋被橡胶雨鞋替代。20 世纪 50—70 年代，冬天，境内百姓常穿芦花靴筒（又称蒲鞋）。芦花靴筒由芦苇开的花编制而成，境内北面是长江，江边芦苇丛生，芦花盛开。每到农历十月，芦花长老，有的人就去江边摘芦花，制作芦花靴筒。芦花靴筒保暖性好，穿在脚上比棉鞋暖热，适合大冷天穿。但要防止沾湿，否则会失去保暖性。20 世纪 70 年代后期，棉鞋、皮靴面市，形状粗糙、制作麻烦的芦花靴筒逐渐淘汰。但它穿着暖热，经济实惠，深深留在百姓的记忆里。

食 境内为长江冲积平原，盛产稻、麦，居民以大米、面条、麦粞为主食，辅以山芋、南瓜、玉米等杂粮。早上一般吃粥，有时掺些麦粉，叫作麦粉粥。下粥菜多为自制的萝卜干、腌菜、酱菜等，至多炒几个自产鸡蛋，剥个自制咸鸭蛋。20 世纪 80 年代后，社队工业发展迅速，上班族增多。有些人早上来不及烧早饭，就去街上买些油条、大饼之类作早餐。中午一般吃饭，有大米饭、麦片饭、咸饭（菜饭），其中麦片饭为 20 世纪 60—70 年代的主食之一。那时大米紧张，农家即把收获的麦子淘洗晾干，到粮饲加工厂轧成麦片，做饭时和在大米里，做成麦片饭，比大米饭更香，营养更好。进入 20 世纪 80 年代，大米供应日趋充足，百姓收入逐年增加，轧麦片工厂逐年淘汰，麦片饭随之减少。但农贸市场、各大超市有麦片出售。蔬菜有青菜、白菜、黄瓜、茄子、长豆角、韭菜之类，荤菜类有鸡、鸭、鱼、肉之类。逢年过节、亲友来家，酒菜丰盛，农家杀鸡、杀鸭，甚至杀猪，或去酒店、饭馆订上几桌，有冷菜、炒菜、大菜、点心、蔬菜等十八九道菜，雏鸡、老鸭、蹄膀、虾、蟹、黄鳝、三鲜、蟛蜞豆腐等应有尽有。晚上一般吃饭或面条，为了调节口味，农家时常包馄饨，做团子，以代替主食。进入 21 世纪，人们为防止“三高”（高血压、高血糖、高血脂），对吃倍加讲究，做菜注重荤素搭配，多吃粗粮、蔬菜、水果，少吃油腻多脂食物，防止心脑血管疾病。

住 解放初期，境内除了地主、富农及条件好一点的少数农户住瓦房外，绝大部分农户住草房，城镇居民则住矮小的瓦房。20 世纪 70 年代，经济好转的农户草房翻平瓦房。20 世纪 80—90 年代，农村中的楼房雨后春笋般出现，多数为二层，少数为三层。楼房质量越来越好，内部结构越发合理，由砌腰箍到混凝土浇腰箍，由空斗墙到实砌墙，由平顶到尖顶。卧室一般在楼上，厨房放在后侧厢，卫生间、浴室放侧厢间。前有四扇大门，后有单扇后门，内有多扇侧门。窗明几净，通风畅，采光好。21 世纪初，随着农村城镇化建设的推进，社区建设如火如荼，不少农户住进了高楼大厦，室内装修一新，大厅、卧房、书房别致温馨；吊灯、壁灯、筒灯光彩明亮；电视机、洗衣机、空调、冰箱应有尽有；地板、地砖、墙纸洁净靓丽；防盗门、保险柜、楼梯、电梯，安全方便。居民住得称心，日子过得舒心。

行　20 世纪 50—60 年代，境内居民陆路出行主要靠步行，载人、运货主要靠手推独轮车和脚踏车（自行车）。水路出行主要靠小客轮，境内后塍、三甲里均有小客轮到无锡。长江边安桥头有小客轮到江阴北门和苏北新港。香山南面占文桥有小客轮到江阴东门和沙洲杨舍。20 世纪 70—80 年代初，境内自行车增多，并有少量摩托车、手扶拖拉机。20 世纪 80 年代中期，摩托车、公交车成为主要出行工具。20 世纪 90 年代后，人们出行除了摩托车、公交车外，有了面包车、小轿车。进入 21 世纪，人们出行主要靠轿车、公交车、电瓶车，自行车、摩托车相应减少，出行要求安全、舒适、快捷。

节日习俗

春节　即农历正月初一，旧称过年，1912 年始定为春节。这一天，家家户户凌晨放爆仗，俗称“开门爆仗”。早上吃甜团圆，意为甜甜蜜蜜，合家团圆。中午吃馄饨，意为招财进宝。晚上吃饭或面，意为健康长寿。这天男女老少穿着一新，欢度新年，小辈要给长辈拜年，长辈要给小辈压岁钱和糖果。这天，不准骂人、吵架，大家客客气气，意为和气生财；不扫地，不向门外泼水，意为“聚财”；吃了晚饭要早睡，不点灯，意为“满财”。人们一整天不下田干活，打打扑克，搓搓麻将，一般不走亲戚。年初二开始走亲戚，女婿带上妻子、孩子和礼物到丈母娘家拜年，新女婿一定要带上礼物看望丈母娘。

20 世纪 80 年代末，人们看罢春晚后从零点开始就放爆竹，迎接新年到来，不少人年初一就走亲戚了。新春佳节，年轻人喜欢三五成群上街购物、娱乐，或去风景区游玩、赏景，有些人还利用春节假期外出旅游。

元宵节　即农历正月十五日，俗称“正月半”。古为上元天官赐福之夜，故称“上元节”，又称“元宵节”。因为这一天是一年中的第一个圆月之夜，农家要焚香点烛，陈设供品，祭斋灶神。中午吃馄饨团子，晚上吃正月半饭。这一日，农村中新婚女子的弟或兄要送团圆到姐夫或妹夫家，意为幸福团圆。晚上，有“烧田头”（一说“烧田财”）之俗，把一些稻草或麦秸绑在木棒或竹竿上，到自家田头点燃，边舞边跑，边说“正月半，舞毛虫，田里的菜盘篮大，烧烧一大锅”之类的话，意为驱除害虫，求得来年好收成。入夜，调龙灯、舞狮子，举行灯会，其中以境内香山南麓城隍庙内悬灯敬神为最盛。抗日战争和解放战争时期，灯会衰落，新中国成立后一度恢复。1980 年后，乡村以办灯展、猜灯谜、放烟火爆竹等欢度元宵节。俗话说："拜年拜到正月半，敞开橱门尽你看。"又有"元宵闹过正月半，农家个个田头转"之说，就是说，拜年拜到正月半为止，橱里也没有什么菜了，农家又忙于干田里活了。

二月初二 姜太公诞辰日。这天，孩童要剃头，传说，这天剃了头，不生瘌痢头，还会百无禁忌，此习俗流传至今。

清明节 清明节来临，家家户户要祭祖、垫坟。未满三年的新坟要当天垫（清明当天为正清明），女人要放声大哭，俗称"响坟"。三年以上的为老坟，垫坟时要培土，压坟帽。一般都要化纸、烧冥钱、跪拜或鞠躬，有的还"飘山"（在坟上插五色彩条镂空纸）。垫完坟后，放几个爆仗，然后离开。新中国成立后，政府机关、学校、团体等组织祭扫烈士墓，进行革命传统教育。

端午节 农历五月初五为端午节，又称端阳节、重午节。这一日，家家都用芦苇叶包粽子，以示对爱国诗人屈原的纪念；户户门口挂菖蒲、艾草，以辟邪图吉。小孩额上涂雄黄，以驱虫祛毒。

夏至节 这天有吃苋菜馅馄饨和称体重的习俗，传说吃了苋菜馄饨，称了体重不疰夏。这一日，小孩子不准坐门槛，以免感染蛇虫八脚的毒气。

七夕节 农历七月初七，又称乞巧节。传说是牛郎织女鹊桥相会之日。年轻的姑娘将凤仙花捣烂，涂在指甲上，染成桃红色，以示美丽。夜晚，姑娘少妇对月穿针，意为向织女乞巧。人们在屋外乘凉，仰望银河，看牛郎织女双星相会。

中元节 农历七月十五，称中元节，俗称"七月半"。这天人们要设斋祭祖。晚上不能东走西跑，民间有这样的传说：七月十五狱门开，牛头马面两边站，大鬼小鬼齐出来，大人小孩在家待，祈求神灵保平安。

中秋节 农历八月十五，三秋恰半，故称中秋节，俗称"八月半"，又称团圆节。这一日，家人要团聚，吃八月半饭。晚上要吃月饼，赏月。女婿要给丈人、丈母娘送月饼、莲藕、百合等礼品。进入 21 世纪后，每逢中秋节，晚辈给长辈送月饼，已成为社会新风。

重阳节 旧时"九"为阳数，故九月初九为重阳。重阳节金港地区自古以来都有吃重阳糕的习俗。因古时有重阳登高之说，传说吃了重阳糕能登高避灾。人们上街买重阳糕，各级政府慰问功臣老人和看望孤寡老人。中、小学生到敬老院开展为老年人剪指甲、打扫卫生、文艺演出等系列志愿服务活动。2015年，重阳节期间，张家港保税区（金港镇）开展了老年香山登高、文艺巡演、技艺展示、拍摄老年全家福等“夕阳正红”系列活动。

冬至节 这一天为头九开始日，是一年中最短的一天。旧称“冬至大如年，过冬如过年”。旧时有吃“冬夜饭”的习俗，农户称“敲麦夜饭”。旧社会，账房、田主开始年度收账，种租田的要准备田租，欠账的要准备还账，还不起就外出躲债，又称“躲冬”，有的甚至躲过年。地主辞退长工亦在这一天，故有“冬至夜，有钱的吃一夜，无钱的冻一夜”之说。冬至夜吃“冬夜饭”的习俗沿袭至今。

腊八节 农历十二月称腊月，十二月初八称腊八，相传为释迦牟尼成道之日。这一日，农家用新粳米、青菜、花生、黄豆、蚕豆、芋头、山芋等和在一起煮粥，叫作腊八粥。传说，吃了腊八粥能祛病延年。此习俗延续至今。

送灶节 农历腊月二十三，传说这天灶神上天庭，向玉帝汇报全家一年的善恶之事。这天，家家要购买各式果品、香烛及纸质灶神像等物祭祀灶神，俗称“斋灶”。有的人家斋灶时，在灶头上贴上“上天言好事，下界保平安”的对联。斋灶后，人们把灶神像拿到户外焚烧，送灶神上天，俗称“送灶”。至除夕再接回，俗称“接灶”。近年，送灶的习俗渐渐淡化。

除夕 农历十二月的最后一天，俗称大年夜、大年三十，前一天称小年夜。除夕前，常年在外的人要回家团聚，俗话说：“不吃年夜饭，不算大一岁”。家人把预先购买的年货制成美味佳肴，摆上满满一桌，全家围坐一起，欢欢喜喜吃年夜饭。桌上的鱼是不可以动筷的，意为年年有余。吃罢年夜饭之后要守岁，贴春联，搓团圆，炒瓜子，炒花生，扫地抹桌子。晚上，家家户户放爆竹、礼花，送旧迎新。20世纪90年代开始，中央电视台举办的春节联欢晚会成为家家户户的文化大餐。

链接：

香山庙会　始于西晋，盛于唐宋。庙会时间为每年农历三月初八至十八，其中三月十五为正日。香山庙会设有十道正香会、三十三道副香会、一百八十支临道会，香会成员多达二万余人。庙会由历任县丞主管，县里的僧道司、道会司具体管理，农村各氏族的会首和各自然村的会头们组织实施。

香山庙会的议程有组团、集告、沐浴、出香、行会、祭祀、献花、解结、回福等十项，其中最精彩的是香会的拜香活动、精彩的艺术节目和精湛的武术表演。

拜香是香会成员在庙会期间的一项重要活动，一般以大锣开道，接着是戳灯（一根长竹竿，上面挂一灯笼，内有一支点着的大红蜡烛，下端削尖包上铁皮，可以插入泥土中），后面是戴着香帽、端着香凳（凳上有铃子、木鱼）念香诰拜香的人。灯戳在哪里，拜香的人就停在哪里念唱叩拜。他们逢庙进香，遇殿拜佛，走路不紧不慢，一路念拜。几十道香会，根据事先确定的顺序，从山下一直念拜到山上玉皇殿。

庙会上，最精彩的艺术节目是踩高跷、茶酒担和扎肉香。踩高跷即男子脚上绑上数尺高的木脚，身穿古代服饰，扮成吕洞宾、铁拐李等八仙，边跑边做怪动作，让人忍俊不禁。茶酒担是清一色年轻女子，头戴关东帽，身穿素白衣，肩上一条小扁担，挑着两只花篮，有模有样地走着。扎肉香是在参与者手臂内侧穿上银钩，银钩上挂上木鱼、花篮、蜡扦、铜锣等物，

香山庙会（2007 年） 季樱　提供

高跷队（2007 年）　季樱　提供

香山庙会现场（2007 年）　季樱　提供

边挂边走，挂铜锣的还得边敲边走。

武术表演是庙会的压台戏，有舞马叉的、耍大刀的，有使齐眉棍的、抡九节鞭的，有掷绳标的、挥流星锤的，有单打、双打、对打的，边走边舞，边走边打，其娴熟的技艺、高超的功夫，博得众人阵阵喝彩，赞不绝口。

香山庙会正日这天，人们从四面八方赶来，香山上下游客如潮，人流似织；寺庙香烟缭绕，佛号喧天。到处都是售货摊头，卖艺场所。

香山庙会历史上时有兴废，1951 年后改为“集场”（物资交流会）。2005—2007 年，位于香山南面的占文村举办过三届庙会。2007 年 5 月，香山庙会被列入张家港市非物质文化遗产名录。

方言

境内语言，主要有澄要话和沙上话两种，一般以南横套为界。套南为澄要话，以南沙、后塍口音为主，且略有不同；套北为沙上话，以中兴、德积、晨阳口音为主。随着改革开放，婚嫁迁移，外来人员增多，人口流动性大，各地口音夹杂，平时人际交往，一般以不太标准的普通话交流。不同地方的人工作、生活在一起，互相学习，相互交融，形成境内各类语言。

常用词

称谓

曾祖父——太公、老太

曾祖母——太婆、老太

祖父——公公、爷爷、老公公

祖母——好婆、奶奶、阿婆、亲娘

外祖父——外公、舅公

外祖母——外婆、舅婆、阿婆、亲娘

外曾祖父——外太公、老太公

外曾祖母——外太婆、老太

伯父——老伯、大伯、老伯伯

伯母——娘娘、大娘

叔父——叔叔、阿叔、好叔

叔母（婶）——婶婶、婶娘、阿婶

舅父——娘舅、阿舅、舅舅

舅母——舅姆、娘舅姆

姑父——姑夫

姑母——阿伯、姑妈、伯伯

姨父——娘姨夫、阿姨夫、姨夫

姨母——阿姨、娘姨

岳父——丈人、老丈人、爸爸

岳母——丈母、老丈母、妈妈

公——阿公、公公、公爹、爸

婆——阿婆、婆婆、姆妈

丈夫——我俚男人、老公

妻子——老婆、阿嬷、娘子、我俚家俚、爱人

哥——哥哥、大大、阿哥

姐——姐姐、阿姐

弟——兄弟、弟弟、老弟

妹——妹妹、妹子、阿妹、小妹、姊妹

夫兄——哥哥、大大、阿哥、伯子、大伯

夫嫂——嫂嫂、阿嫂、大嫂、大娘、大姐

夫弟——叔叔、阿叔、兄弟、弟弟

夫弟媳——妹妹、弟媳妇、阿婶、婶娘

夫姐夫——姐夫、姑夫、大大、阿哥

夫妹夫——妹婿、妹夫、弟弟、姑夫

妻兄——阿舅、阿哥、大大

妻弟——阿舅、弟弟

妻姐——阿姨、姐姐、阿姐

妻妹——阿姨、妹妹、妹子

妻嫂——阿嫂、阿舅母、嫂嫂

妻弟媳——阿舅母

妻姐夫——大大、连襟

妻妹夫——弟弟、连襟

儿媳——儿媳妇、新妇

女儿——丫头、阿囡

女婿——女婿大老官

孙子——宝宝

孙女——阿囡、宝宝

外孙女——外孙囡、外孙女

外甥女——外甥囡

曾生——重生

曾孙女——重生囡

后爹——蛮老子、继父

后娘——蛮娘、继母

干爹——寄爸、寄爹、寄父

干娘——寄娘、寄妈、寄母

日常用语

蓬尘：灰尘。壮头：肥料。凌独：挂下的冰凌。迷露：雾。忽险：闪电。鲎（hou）：虹。

住基：村庄。手膀子：手臂。馋吐：口水。调羹：汤匙。眼线：缝衣针。老白酒：米酒。烧酒：白酒。馒头：有馅包子。大包子：无馅馒头。脚膝馒头：膝盖。大膀：大腿。饭米糁：饭粒。结蛛：蜘蛛。老虫：老鼠。百脚：蜈蚣。赚节：蟋蟀。癞团、癞包：癞蛤蟆。旱蟮、曲蟮：蚯蚓。长生果：花生。朝阳头：向日葵。番瓜：南瓜。芦穄：高粱。谢菜：荠菜。热脚：日子。蛮头、黄昏头、夜来头：傍晚。昨朝头：昨天。点心头：吃饭。辰光：中午。过脚头、过脚：过去。记脚、记脚头：现在。

剃头：理发。收作：整理、修理。白相：玩。转来：回来。搛菜：用筷子夹菜。打配：打算。着杠：着实、落实。揩脸：洗脸。吃生活：挨打。寻吼司：找茬子。说昏话：说谎、骗人。抗起来：藏起来。

木：呆、不聪明。搡：坏、恶作剧。厌：小孩贪玩好动。狠：厉害、有本事。勤劲：勤劳。舒齐：舒服、宽绰有余。推板：不好、糟糕。邋遢：脏。假乌：马虎。做人家：节俭。结棍：厉害、多。吃嘎：有本事、时髦。污素：脏、不卫生。险搭搭：危险、差一点。木嗨嗨：呆头呆脑。吸吸薄：很薄的样子。胖得得：肥胖的样子。的滚生圆：非常圆。笔描斯直：笔直。弯里曲扭：弯弯曲曲。

啥宁：谁、哪一个。啥格：什么。啥辰光：什么时候。记头、记搭：这里、这边。实梗：这样。一是、一是得：是不是。我俚：我们。你笃：你们。他笃：他们。

一等当：积在一起。一个号头：一个月。包梢：剩下的全包下来。一歇歇：一会儿。等一歇：等会儿。一眼眼、一密密：一点点。海海外外：许许多多。交关、交交关关：许多

覅、嚒：没、没有。覅：不要。才将：一头、齐巧：刚才、刚刚。嘎呢：更加。直碰：常常、经常。笃定：有把握。忒嫌：太、过于。把要：一定要。

轧闹热：凑热闹。勿来三、不来事：不行。勿作兴：不可以。横戳枪：从旁挑事。热昏：头脑发昏。有数脉：心里有数。结毒：结怨。豁铃子：通风报信。不上路：说话办事没有条理、没有规矩、不像样子。黄落：事情落空。穿棚：事情败露。趁脚跷：帮腔压制对方。看人头：看人办事。调花枪：耍花招。天开眼：得到应有的报应。做手脚：

暗地里改变事物原状。半二勿三：不完全、没有全部完成；不直爽。不识相：看不出苗头，做蠢事。靠牌头：依仗靠山、后台。鸭屎臭：丢脸、出丑。急出乌拉：发急、竭力硬做。细磨细相：做事细致、缓慢、做得好。

野野豁豁：无边无际的样子。投五投六：忙碌无头绪。眼皮子浅：气量小、眼红。有心有相：精力集中，有耐心。十拍抿缝：完全符合。一脚落手：包干到底，一气呵成。没得闲话讲：无话可说，无可挑剔。板板六十四：脸色呆板、严肃。生成皮毛长成骨：本来就这样、很难改变。新箍马桶三日香：开头很喜爱，过后就不稀罕了；缺乏持久性。三只鸭子六道游：人心涣散。和尚道士夜来忙：白天不出力，晚上忙得很。横竖横、拆牛棚：横下一条心，孤注一掷。一个烧香一个拜：不能独立工作，要别人帮着做。急惊风碰着慢郎中：急事情碰着办事慢的人。吃了新米讲陈话：现在讲过去的事情。死鳑皮跟着鲤鱼游：弱者硬与强者比。看菜吃饭，量体裁衣：看情况办事。杨树叶子落下怕打头：过分小心胆小。牙齿可当街沿石：说话算数。抠心挖肚肠：形容非常真心。己山看得个山高：自以为那个比这个好。羊头上搔搔，狗头上摸摸：一会儿做这，一会儿做那，一样也做不好。

谚语

农事谚语

庄稼一枝花，全靠肥当家。

人勤地生宝，人懒地长草。

种子年年选，产量年年高。

人在岸上热得跳，稻在田里哈哈笑。

六月不热，五谷不结。

麦熟要抢，稻熟要养。

腊月麦，尽人踏。

干断麦根，挑断担绳。

麦秀风来摇，稻秀雨来淋。

谷雨前后，种瓜点豆。

麦锄三遍谷满仓，棉锄七遍白如霜。

黄秧落地连夜根，莳秧不可深。

季节勿让人，种田赶时辰。

一日早，十日赶不到。

芝麻十成熟八成收，油菜八成熟十成收。

气象谚语

春打六九头，吃穿不用愁。

长晴必有久雨。

东北风，雨祖宗。

朝看东南，夜看西北。

打春落雨到清明。

三朝迷露发西风。

夜雨天亮歇，朝雨点心停。

夏雨隔田丘，老牛湿半背。

天上缸爿云，明朝晒煞人。

日晕三更雨，月晕午时风。

立冬无雨一冬晴，立冬有雨雨勿歇。

春雾阴，夏雾热，秋雾凉风，冬雾雪。

朝鲎日头（太阳），夜鲎雨。

两春夹一冬，无被暖烘烘。

冷天年年有，不是三九就四九。

久晴大雾阴，久阴大雾晴。

社会生活谚语

生姜老的辣，甘蔗根头甜。

猪困长肉，人困拆屋。

远亲眷不及好近邻。

吃一次亏，学一回乖。

叫人不蚀本，舌头打个滚。

人不可貌相，海水不可斗量。

一只碗不响，两只碗叮当。

坐吃三年海也空。

不听老人言，吃亏在眼前。

平时不烧香，急来抱佛脚。

好记性不及烂笔头。

虱多不痒，债多勿愁。

不怕不识货，就怕货比货。

眼泪簌落落，两头甩不落。

早饭吃好，中饭吃饱，晚饭吃少。

道德谚语

大量有大财。

浪子回头金不换。

宰相肚里好行船。

有理走遍天下，无理寸步难行。

吃格盐和米，讲格情和理。

善有善报，恶有恶报。

送佛送到西天，摆渡摆到江边。

饮水不忘掘井人。

佛争一炷香，人争一口气。

不怕人穷，就怕志短。

上梁不正下梁歪。

白天不做亏心事，半夜敲门心不惊。

健康谚语

三分医、七分养、十分防。

笑一笑，十年少；愁一愁，白了头。

站如松，坐如钟，睡如弓，行如风。

焐春三，冻八九。

遇事不恼，长生不老。

人怕勿动，脑怕勿用。

宁愿三分饥，不贪十分饱。

吃饭少一点，睡觉不蒙头。

饭后百步走，健康又加寿。

歇后语

竹篮打水——一场空

大海捞针——无从下手

顶着石臼做戏——吃力不讨好

黄鼠狼给鸡拜年——不安好心

泥菩萨过河——自身难保

关公面前耍大刀——献丑

癞蛤蟆想吃天鹅肉——痴心妄想

八仙过海——各显神通

竹筒子倒豆子——爽快

哑巴吃黄连——有苦说不出

驼子跌跟斗——两头不着实

小和尚念经——有口无心

姜太公钓鱼——愿者上钩

瞎子吃馄饨——肚里有数

做一天和尚撞一天钟——得过且过

弄堂里拔木头——直来直去

擀面杖吹火——一窍不通

老鼠钻勒风箱里——两头受气

拾着鸡毛当令箭——吓人；一本正经

鲜花插在牛粪上——可惜

黄牛角、水牛角——各（角）顾各（角）

脚踏西瓜皮——滑到哪里算哪里

瞎猫碰着死老虫——碰巧

搬起石头砸自己的脚——自作自受

六月里的葱——根焦叶烂心不死

三只手指拈田螺——笃定

针尖对麦芒——针锋相对

十二月里扳冬青——极呱爽脆

名人与名镇

金港之所以成为文化名镇，不只因为它人杰地灵、名贤辈出，还在于它与名流学者有着不解之缘。如苏东坡梅花堂题匾额，徐霞客三游香山，马相伯崇真小学即兴作对联，刘天华柏林庵谱二胡曲，刘北茂三甲里创作二胡曲等。

本篇目共收录传记人物 15 人。有历史名人，有第一次国内革命战争时期的革命烈士，有解放战争时期对本地区的解放事业和经济、文化、社会事业做出突出贡献的领导干部、基层干部和各界人士，有在外地工作对家乡做出突出贡献的金港籍专家、学者、知名人士，还有对金港地区产生重大影响的外省籍名人。

人物传略

郁三省（约 1817—1888） 字养性，江阴县大桥镇姚家埭（今属南沙山北村）人。他以教书为业，教书之余，喜读各种医药经典，精通岐黄之术。清同治三年（1864），乡间发生瘟疫，死者难以计数。郁三省以岐黄之术，抢救病人。对贫苦人家免收医药费，深得乡邻尊重。遇有善举必赞成之，乡人对他很敬重。郁三省之弟郁三复和郁三让早亡，其弟媳和诸侄子均由郁三省抚育照顾，并督促侄子读书明礼。郁三省老而好学，年届古稀犹勤练书法，吟诗作文。他在晚年所得各种酬金，全部用来接济乡里贫困人家。光绪十四年（1888）病逝。

殷念乔（1890—1926） 名贻孙，笔名亦苏，江阴县大南乡三甲里（今属南沙柏林村）人。1911 年，入常州府中学读书，一年后改入江阴乙种师范学校学习，毕业后先到江阴石牌小学工作，1915 年任教于大南乡第二国民小学（现张家港市南沙小学），翌年任校长。

殷念乔任大南乡第二国民小学校长时，上无拨款，下无支持，经济相当困难。他果断决定全部出售祖传的 18 亩家产田，所得之资悉数用来建校办学。在他的资助下，一座破败不堪的小学堂经过改造和扩建，变成一所初具规模的新型学校。学生人数由原来的三四十人增加到 360 余人，教室也由 1 个扩展为 8 个。殷念乔以“诚勤”作为校训，治校严谨。

1926 年，殷念乔受工农运动影响，倾向革命，资助同学、挚友孙逊群前往广州参加由毛泽东主办的第六届农民运动讲习所。1926 年 6 月，殷念乔去无锡送考回来，突患霍乱病。病危之际，他的学生瞿苣丰来到病榻前探望，殷念乔喃喃嘱咐道：“我死以后，你辞去江阴公立第二小学教职，回三甲里继任母校校长。这个学校还有许多事业有待你和大家一起去完成。”言毕含泪而逝，年仅 36 岁。

郁祖同（1890—1987） 江阴县大南乡三甲里（今属南沙柏林村）人。1912 年，从常州府中学堂毕业，先后在宜兴竺西小学、江阴梁丰中学、常州省立第五中学和上海师承中学等校任教。1945 年秋，创办易进出版社，编辑和出版中学数学教科书一套，名为《易进算数》《易进代数》《易进平面几何》《易进三角》。上海、江苏、浙江、安徽、山东诸省中学纷纷采用。抗战胜利后，《易进代数》被国民政府教育部定为通用教科书，发行全国。中华人民共和国成立后，“易进数学”系列丛书经华东军政委员会教育部审核，定为华东地区全日制中学教科书，然后在全国发行。中国香港和东南亚的 6 个国家也选用这种教材。他在晚年，潜心钻研数学，编写《因式分解及应用》《整式和分式》两本书。1987 年病逝。

孙逊群（1897—1927） 又名孙选，化名王津民，江阴县德顺乡木桩潭埭（今属中兴中德社区）人。1925 年 5 月，孙逊群由中共上海地委批准为中国共产党党员，成为张家港境内第一位中共党员。不久，中共江阴支部建立，孙逊群为第一任书记。

1925 年秋，江南大旱，由于灾害，农作物收成大减。灾荒使当地民众生活十分困苦，地主豪绅不肯有丝毫施舍，反而加重剥削，提出寅交卯种的苛例。孙逊群深入沙洲农村了解民情，发动农民开展罢租抗租斗争。1926 年 4 月至 9 月，孙逊群在广州参加第六期农民运动讲习所期间，向毛泽东汇报了沙洲地区农民遭受压迫、剥削及其反抗的情况。（1926 年 10 月，毛泽东在《向导》周报第 179 期上发表了《江浙农民的痛苦及其反抗运动》，文章写道：“江阴东乡有一名叫沙洲的地方，亦有农民反对地主的事，此地主苛例为交上期租，江苏人所谓寅交卯种，是一件于农民经济上很痛苦的事。现在农民要求种出还租，正在那里奋斗。”）

1927 年 2 月 6 日，在中共上海区委改选后的第一次全体会议上，孙逊群被选为农民运动委员会委员。3 月 25 日，江阴县农民协会正式宣布成立，孙逊群任会长。他署名发布公告：禁止赌博，禁吃鸦片，禁演淫戏，禁宰耕牛，禁放高利贷。“四一二”反革命政变后，江阴县农民协会被查封，孙逊群被迫转入隐蔽活动。10 月，任中共无锡县委书记。10 月 23 日晚 8 时，中共无锡县委在北门惠农桥 73 号地下工会机关召开工人干部会议时，突遭国民党军警包围，孙逊群等 7 人不幸被捕。11 月 13 日下午 3 时，孙逊群等 7 人在无锡南校场惨遭杀害。

范醒之（1898—1956） 原名祝青儒，江阴县后塍人（今属金港镇后塍人）。1927 年 11 月至 1928 年 3 月，后塍多次发生农民暴动，祝青儒受革命潮流影响，毅然协助农民武装掌管后勤事务。1938 年，祝青儒在中共安徽地下党的影响下参加革命，更名为范醒之，以示政治上觉醒，与旧我决裂。1940 年 3 月，加入中国共产党，任皖东北专员公署财经科长。1941 年至 1949 年，范醒之先后任苏中四分区专员公署主任秘书、淮南行政公署财经处长兼秘书长和中原财政办事处副主任等职。

中华人民共和国成立后，范醒之先后任中南军政委员会财经委员会副主任兼中共中央中南局财政部部长，中央人民政府财政部副部长。1956 年 1 月 4 日，在北京病逝。

王箴（1899—1994） 又名铭彝，江阴县占文乡（今属南沙占文村）人。著名化学家。中国化学化工学会创始人和化纤工业奠基人之一。1920 年，王箴清华学校毕业后，被派往美国留学。1923 年，获麻省罗宛尔纺织工学院染化学士学位，1924 年，获密执安大学化学硕士学位。1926 年，获康奈尔大学哲学博士学位。1926 年，回国后参与南京中央工业试验所筹建工作，并负责指导研究工作。1932 年起在厦门大学、浙江大学和之江大学等院校任教授兼化学系主任等职。1952 年全国高等学校院系调整后，调至上海市纺织工业局任技术处副处长，合成纤维厂筹建办公室主任。后调任上海市化学工业局技术处（科研办公室）任国家技术二级工程师，总工程师室副总工程师、高级工程师、顾问等职。他是第三届全国人大代表，第三届全国政协第三次会议特邀人士。20 世纪 50 年代，王箴参与筹建上海合成纤维研究所，他主持“黑丝染色方法的研究”“加重方法对于黑丝拉力和弹力之影响”等课题，指导学生研究“丝用肥皂制造之研究”“中国丝朊的等电点研究”“蓖麻油之磺化”等多项课题。王箴编著的《化学汇解》《更新高中化学》（上、下两册）、《化学初步》和《化工基础》等书，是普及化工知识的工具书。他主编的《化工辞典》获全国优秀科技图书奖。1994 年 8 月病逝。

茅学勤（1900—1929）江阴县后塍乡学田圩（今属后塍学田村）人。1916 年 9 月，在江阴乙种师范学校读书。1919 年 9 月，考入南京第一工业学校。1922 年 5 月，茅学勤在南京意外中了一次彩票，回乡创办学田圩小学，并亲自担任教师。1926 年春荒，茅学勤联合贫苦农民要求地主豪绅将积谷发赈。1927 年 3 月下旬，茅学勤参加江阴县农民协会举办的农运骨干讲习班。讲习班结束后，茅学勤回乡组织成立农民协会，任江阴县后塍地区农民协会会长。10 月，经中共江阴县委书记钱振标介绍，加入中国共产党，化名王天明，担任江阴农民革命军副司令。1927 年 11 月 15 日深夜，根据中共江阴县委决定，钱振标、茅学勤成功组织了后塍第一次农民暴动。次日凌晨，国民党江阴县公安局长率领军警到后塍“清剿”，逮捕了茅学勤的父母和哥哥，烧毁他家房屋。茅学勤坚强不屈，仍领导后塍、杨舍、峭岐、店岸、詹文桥等地多次农民暴动。1928 年 1 月上旬，茅学勤被选为中共江阴县委军事委员。6 月 8 日，当选为中共江阴县执行委员会书记。7 月，再次领导江阴璜土暴动。8 月，任中共苏常（京沪）特委委员兼红军总指挥，不久又担任特委军委书记。10 月，茅学勤根据中共江苏省委的指示，率领游击队再次渡江北上，帮助组建中共靖江县委。1929 年 1 月 8 日，茅学勤任中共淞浦特委军委书记。1929 年 1 月 21 日晚，他和淞浦特委委员陈云、严朴、杭果仁等一起领导奉贤庄行暴动。1929 年 1 月 24 日晚，在上海汉口路新大东旅社被捕。1929 年 2 月 6 日下午，茅学勤于江阴君山脚下就义。

瞿芑丰（1903—1989）　小名贻孙，江阴县南沙乡三甲里（今属南沙柏林村）人。教育家、社会活动家。1920 年，考入江苏省立第一师范学校。1923 年 6 月，任江阴大南乡公立第二小学教员。1926 年 9 月，任江阴大南乡第二小学校长。1929 年 2 月，调至江苏省立苏州实验小学任教，1933 年，任教导主任，抗日战争胜利后任校长。1951 年 1 月，任苏州市教育局副局长，1951 年，参加中国民主同盟。1954 年 4 月，参加中国农工民主党，后当选为中国农工民主党苏州市委员会第一届至第六届主任委员。1955 年，任苏州市教育局局长，当选为政协苏州市常务委员，政协苏州市第五届至第七届副主席。1958 年起，任中国农工民主党江苏省常务委员。1958 年、1979 年当选为第七、第八次全国人民代表大会代表。晚年撰写《晚晴楼回忆录》，1989 年 3 月，因病逝世。

郁祖祺（1911—2002）　江阴县大南乡三甲里（今属南沙柏林村）人。长大后定居江阴澄江镇西大街 40 号。年少时随父及当地名医学习中医内外科、妇儿科、针灸科。19 岁即行医于江阴、无锡、上海等地。中华人民共和国成立前，以针灸闻名四方，1948 年被授予中医师资格。中华人民共和国成立后，他参与创办江阴澄江医院（江阴市中医院前身），任江阴中医协会副会长。

家乡人去看病，郁祖祺分文不收，除免费赠送药物外，还供膳食。对其他人也同样款待。如遇疑难杂症、病危人员，他认真医治，甚至将病人安排在家中治疗。1979 年，郁祖祺赴京为叶剑英夫人曾宪植治病，获得了良好的声誉。2002 年 8 月，郁祖祺病故后，江阴市政府在市中心为他设立纪念碑。

汤履道（1912—2001） 圣名若瑟，江阴县后塍中街（今属金港镇后塍中心社区）人。中国天主教爱国会副主席兼秘书长。早年毕业于上海国立音乐专科学校指挥系。1929 年开始在教会工作，先任上海徐家汇天主堂管风琴师，后在徐家汇汇师小学和圣方济中学等校担任教师、校长等职。1951 年 7 月，参加上海市抗美援朝天主教支会筹备工作，9 月，担任天主教支会总干事。1957 年，调北京任中国天主教爱国会筹备处副秘书长。中国天主教爱国会成立后，先后任副秘书长、秘书长、副主席兼秘书长、副主席、顾问等职务。中共十一届三中全会以后，他积极协助党和政府宣传贯彻宗教信仰自由政策，平反天主教界人士冤假错案。曾当选为全国政协第六届、第七届委员，参加《辞海》及《英汉辞海》编写、修订工作。2001 年 4 月病逝。

王承绪（1912—2013） 江阴县南沙乡三甲里（今属南沙柏林村）人。1983 年 4 月，加入中国共产党，中国比较教育奠基人之一。

1936 年，王承绪毕业于浙江大学教育系并留校任教。1938 年，公派赴英国留学，入伦敦大学教育学院攻读教育学，获教师证书和教育学硕士学位。1947 年，应邀回国任教。历任浙江大学、杭州女子大学教育系教授、系主任等职，高等教育研究所所长及名誉所长、联合国教科文组织 APEID 计划杭州大学联系中心主任，第五、六届浙江省政协副主席，教育部国家教育发展研究中心兼职研究员，中国陶行知研究会副会长，加拿大《交流》季刊咨询编委等职。1983 年，荣获“浙江省优秀教师”称号。1991 年起享受国务院特殊津贴。1993 年，获伦敦大学教育学院荣誉院士称号。2003 年，获联合国教科文组织亚太地区教育革新终身成就奖。2009 年，获浙江大学教师最高荣誉“竺可桢奖”。2010 年，获中国高等教育学会“高等教育科学研究特殊贡献奖”。

王承绪曾任《中国大百科全书》教育卷外国教育副主编，合作主编新中国第一部《比较教育》教材，出版的专著和编著包括《伦敦大学》《比较教育学史》《中外教育比较史纲》《英国教育》等，单独或合作翻译的著作包括《教育原理》《民族主义与教育》《杜威学校》《高等教育哲学》等。主持翻译的《汉译世界高等教育名著丛书》是中国高等院校比较教育学、高等教育学专业教材。2013 年 11 月病逝。

蔡文浩（1913—1993） 又名文灏、文翯，江阴县大南乡西塘坊圩村（今属南沙柏林村）人。蔡文浩从小在苏州读完小学、中学，后毕业于上海沪江大学。先后在上海伯特利神学院、北京燕京大学宗教学院、上海金陵神学院研修神学，并毕业于上海金陵神学院。1946 年 8 月，远赴美国留学，在普林斯顿神学院深造，获得神学硕士学位。新中国成立后，他和吴耀宗先生等40位基督教领袖发表宣言，发起中国基督教“三自”革新运动，提出中国教会要走独立自主，自力更生的道路，实行自治、自养、自传的主张。先后任苏州江浙基督教会人才训练总干事、苏州江浙圣经学院代院长、浙江省基督教会执行干事、中华基督教会全国总会副执行干事。1958—1993年，先后任浙江省基督教三自爱国运动委员会第一至四届主席，中国爱德基金会董事、杭州市基督教青年会董事长。1980年起，先后任中国基督教协会第一届、第二届副会长，浙江省基督教协会会长、牧师。蔡文浩是浙江省政协第二、第三届委员，第四届常委，第六届全国政协委员，第七、第八届全国政协常委。1993年病逝。

吴中伟（1918—2000） 江阴县南沙乡柏林七房庄（今属南沙柏林村）人。中国工程院院士，无机非金属材料科学家，中国混凝土科学技术的先驱和奠基人。曾任中国建筑材料科学研究院副院长兼总工程师。

1936年，考入南京中央大学（抗战期间迁入重庆）土木工程系，1940年毕业后进入綦江导淮委员会工作，担任綦江水道闸坝设计和小水电站设计与建造工作。1945年5月，赴美国深造。1947年，学成归国，在南京中央大学土木系任副教授。他率先提出“混凝土科学技术”这一概念，组织起第一支混凝土科研队伍，创建了中国第一个混凝土研究室，开始混凝土科研工作。

1949年8月，吴中伟应邀赴京，参加中国建筑材料科学研究院前身——华北窑业公司研究所的筹建工作。1956年，参加编制全国科技发展规划。1957年，加入中国共产党。1964年，当选为第三届全国人民代表大会代表。1978年起兼任清华大学教授、博士生导师。1982—1985年，任国务院学位委员会首届评审组成员，兼任武汉建材学院副院长、该院北京研究生部主任。1984年，任中国建筑材料科学研究院技术顾问、教授级高级工程师。1994年，当选为中国工程院院士。1995年，担任国家自然科学基金项目“三峡大坝混凝土耐久性及破坏研究”、国家“九五”重点攻关项目“重点工程混凝土安全性的研究”等技术顾问。1998年，荣膺中国工程院资深院士。出版《补偿收缩混凝土》《膨胀混凝土》等专著8本。1999年，获何梁何利基金科学与技术进步奖。2000年2月病逝。

陈伊（1920—2015） 原名陈诒，别名沙金。江阴县德积护漕港（今属德积护漕港）人。

1938年12月，陈伊参加新四军“江南抗日义勇军”，1939年4月，加入中国共产党。1944年10月，任中共沙洲县委书记兼县长、县武工大队政委。1945年12月，任苏州军区六分区特务团政治处主任。参加过武南地区反扫荡、“江抗”东进反敌反顽战斗、苏北姜堰战斗、黄桥战役、曹甸战役等。解放战争中任华中军区七纵队政治部组织部副部长和第三野战军十兵团后勤部政治部主任等职。参加过苏中七战七捷战役和如皋至阜宁两个月的狙击战，后转入苏中坚持敌后斗争。1947 年 8 月起，先后参加盐城战役，李堡、掘港攻坚战和通榆线运动战，渡江战役，上海战役，解放福建战役。新中国建立后任三野十兵团兼福建军区后勤部副政委和江西省军区政治部主任、副政委等职。1957 年 6 月 18 日，获中华人民共和国二级独立勋章、二级解放勋章。1988 年，获中央军委授予的独立功勋荣誉章。1986 年离休，享受正军职待遇。2015 年病逝。

邢忠修（1926—2011） 江阴县后塍南街（今属后塍中心社区）人。1938—1944 年在崇真中学读书，后在当地小学任教。1946 年考入清华大学经济系。1950 年毕业后被选派至匈牙利首都布达佩斯厄特弗什·罗兰大学文学院学习匈牙利语言和历史。1954 年 9 月，学成回国，从此步入外交界。1963 年，加入中国共产党。曾任外交部苏联东欧司科员，驻匈牙利大使馆随员、三等秘书、二等秘书、参赞。1984—1987 年，出任中华人民共和国驻爱尔兰大使。回国后，在国务院港澳办公室港澳研究所、国务院发展研究中心欧亚研究所任特邀研究员。1991 年 6 月退休。2011 年 10 月病逝。

名人与金港

丁慎修大桥垦荒屯田 丁慎修于宋大中祥符八年（1015）任江阴知军期间，广征兵丁、招收流民等 300 余人，在大桥古镇香山的东部和南部屯田垦荒，将沙滩荒地变成了粮田，促进了生产发展，稳定了百姓生活，增加了地方赋税。宋天禧四年（1020）赴京上任，官至工部屯田员外郎。当地百姓认为丁慎修在大桥镇的香山地区屯田（垦荒成田）有功，在香山西麓建“大王庙”纪念他的功绩。

苏东坡梅花堂题匾额 苏东坡是北宋著名文学家、书画家、散文家和诗人。2011

年 2 月，凤凰出版社出版的清乾隆《江阴县志・卷二・古迹》记载："梅花堂在香山之巅，……额为东坡手书。"明地理学家徐霞客在《题小香山梅花堂诗》序文中写道："堂颜为坡仙笔。坡仙爱梅花以名堂，予兄借坡笔以酬梅，可谓不负此花矣。"

香山南麓，时有大桥古镇，境内的石头港、东横河既是水路要道，又是古邮路必经之地。大桥镇北部的香山，北临大海，历有古迹名胜，东坡先生喜欢访古探幽、寄情山水，因此，他在南来北往途经香山时，到梅花堂游览小憩，看到梅花堂周围植有梅花，亲笔题写"梅花堂"匾额。

徐霞客三游香山 徐霞客，江阴马镇（今江阴市霞客镇）人。明朝地理学家、旅行家和文学家。地理名著《徐霞客游记》的作者。

明崇祯年间（1628—1644），徐霞客的族兄徐应震（号雷门）在香山东南麓的小香山结庐种梅。明崇祯二年（1629）和崇祯三年（1630）徐霞客曾三次到香山，和徐雷门一起，或赏梅栽竹，或登山观景，畅叙情怀，写下了《题小香山梅花堂》和《游桃花涧》诗 6 首、序文 2 篇。徐霞客第三次游香山时，恰逢滂沱大雨，他冒着雨穿着草鞋，游览桃花涧。他形容桃花涧激流澎湃的情景是："吼虎深藏峡，狂龙倒挂川。""江光借飞影，海势助雄溅。"

蔡澍捐廉兴修水利 蔡澍，字如霖，山东高苑人，清雍正元年（1723）进士，雍正十三年（1735）选授江阴县令。因古大桥镇是江阴县的行政大镇，他常来大桥镇了解民情。清乾隆二年（1737）蔡澍带头捐俸禄修大桥、拓浚石头港，在大桥东堍立碑记载。在他任期内，大桥古镇境内沿江的沙田、横套、漕渠和各港都得到了修复。他捐廉疏通了 30 千米东横河古道，使潮汐可达，大片农田受益。

马相伯与崇真小学 马相伯（1840—1939），名建常，江苏丹阳人，近代中国天主教耶稣会神父，政治活动家、教育家，是震旦学院、复旦公学（复旦大学前身）的创办人，也是辅仁大学的创办人之一。

1911 年，崇真小学落成开学，应后塍天主堂神父朱季球邀请，马相伯专程从上海来到后塍，在开学典礼上作长篇演讲，他讲解了"崇真"二字的深刻含意，希望老师认真执教，为人师表，致力于传道、授业、解惑；希望学生努力攻读，戒骄戒躁，日日有长进。并且，即席作对联一副，上联曰"学而习之，己百己千进吾往"，下联曰"校者教也，语大语小用其中"。后来这副对联镌刻在校门两旁的圆柱上，成为师生教学相长，砥砺志向的校训。

应马相伯先生之约，清末状元张謇为崇真小学题写“敬爱”两字，取“敬师爱生”、“敬老爱幼”之义。此二字制作成金字匾额，悬挂在校厅中堂上方。崇真小学校风严谨，讲究教学质量，深得地方人士信赖，在后塍百姓中有口皆碑。

汪坤厚捐廉浚河修桥 汪坤厚，浙江大兴人，祖籍浙江萧山，清同治初年江阴县令。同治七年（1868），汪坤厚巡查大桥镇詹文桥境内的东横河时，发现河道淤积严重，旱时潮汐难以到达，涝时雨水排涝不畅。于是，他带头捐廉银，组织民众疏浚东横河，并亲自奔走工地督导，经三个月完成。1991 年 6 月，江苏古籍出社出版的清光绪《江阴县志·卷二·疆域桥梁》记载:“清同治八年（1869）捐廉修木结构青龙桥和马家桥；清同治九年（1870）捐廉用花岗岩改造詹文桥和公济桥。”汪坤厚还组织民众维修了境内的其他桥梁。

刘半农撰写香山纪事诗 刘半农（1891—1934），祖籍南沙马桥前殷家埭（今属金港镇柏林村）。中国语言学家、现代文学家。原名刘寿彭，后改名刘复；初字伴侬，时用瓣秾，后改字半农，号曲庵。1917 年 8 月，刘半农来到故乡游览香山。写下著名的《游香山纪事诗》。全诗分十节，描写他游览香山的所见所闻，其中第十节揭露了当时社会的不公平。

刘天华柏林庵谱二胡曲 刘天华（1895—1932），字寿椿，祖籍南沙马桥前殷家埭（今属柏林村）。中国作曲家、民族乐器演奏家、音乐教育家。1915 年，刘天华因身患疾病，回故乡养病。养病期间，常常一个人到香山南麓听松涛、鸟鸣，在柏林庵虚心向庵中和尚和民间老艺人学习二胡、琵琶、唢呐等民族乐器。著名二胡独奏曲《病中吟》，是刘天华在柏林庵养病、学艺期间酝酿构思而成。

刘半农一生著有《半农杂文》《半农谈影》，诗集《扬鞭集》，采编方言民歌集《瓦釜集》，翻译作品《法国短篇小说集》《茶花女》，专著《中国文法通论》《四声实验录》等。1958 年，为纪念刘半农，人民文学出版社出版了《刘半农诗选》。

刘北茂三甲里创作二胡曲 刘北茂（1903—1981），原名刘寿慈，祖居南沙马桥前殷家埭（今属金港镇柏林村）。中国二胡演奏家、作曲家、教育家。

新中国成立前，刘北茂回三甲里祖籍省亲时，常到香山听松吟游览和到柏林庵体验当年哥哥刘天华创作《病中吟》的情况，编写了《缅怀》《流芳曲》等二胡曲。为继承胞兄刘天华“改进国乐”的遗愿，他刻苦钻研二胡、琵琶的演奏技术，从事民乐创作。1935 年，在纪念刘天华逝世 3 周年的活动中，刘北茂演奏刘天华十大名曲，受到好评。

王建中家乡看戏指导作曲　王建中（1933—2016），作曲家、钢琴家。祖籍江阴县占文乡占文街（今属金港镇占文村），生于上海。10 岁开始学习钢琴。1950 年，考入上海音乐学院，先后就读于作曲系、钢琴系。1958 年，毕业留校任教。在回占文桥省亲时，经常在永丰桥的水阁凉亭听民间艺人唱山歌，到地方戏院看戏，并协助艺人尝试编写谱曲，对地方文艺发展产生了深远影响。20 世纪 70 年代任中央乐团创作员。20 世纪 80 年代返母校执教，后任上海音乐学院副院长。他创作改编的许多钢琴作品，成功地将中国的民族民间音乐与西洋乐器的表现手法融为一体，深受海内外听众的喜爱。1995 年，上海音乐出版社出版《王建中钢琴作品选》，收集了他多年来创作和改编的部分作品。如:《山丹丹开花红艳艳》《绣金匾》《浏阳河》等。1997 年应中国香港回归庆委会约请，创作大型舞蹈音乐《紫荆璀璨耀中华》，于 1997 年 7 月 1 日中国香港回归庆典活动中演出。

艺文杂记

从诗歌到楹联，从碑文到传说，从志书到宗谱，从文化丛书到个人著作，丰富的篇章积淀成了金港璀璨的人文、深厚的底蕴。

艺文杂记的编著者们，把对这片土地的深爱，书写成一种留香的记忆，融合成金港文化这个精美“双面绣”的另一面。

金港镇历史悠久，人文荟萃，文化底蕴深厚，既有香山诗歌、香山楹联、碑文、民间传说等，还有著述、宗谱名录。

香山诗歌

香山诗

香山阻行[①]

〔明〕沈翰卿

何日穷灵境，先归跃锦鞯。
两都芳草恨，三月杏花天。
湖月堪垂钓，云房拟问禅。
农夫荷锄立，待雨种山田。

游香山[②]

〔清〕蔡澍

采香遗事邈，终古号香湾。
石磴俛幽壑，寒梅又小山。
人行空翠里，僧住碧云间。
放眼长天外，沧江响自潺。
屈曲下山路，泉声一道斜。
平桥依丙舍，夹涧尚桃花。

① 顾季慈辑、谢鼎镕补辑：《江上诗钞·卷十九》，上海古籍出版社，2003 年，223 页。
② 〔清〕庐思诚等修：《江阴县志·卷二十八·艺文诗》，江苏古籍出版社，1991 年，29 页。

岭色连巫峡，溪田走白沙。
何时听飞瀑，谷口更停车。

香山怀古四首[①]

〔清〕陶文炜

荒山景物最凄凉，闻道吴姬来采香。
绿黛春风何处去，馆娃宫外几斜阳。

一带长流湾复湾，潺湲终古绕青山。
可怜莲艇歌声散，人影衣香冷翠鬟。

花飞吴苑已深春，肠断东风忆美人。
唯有风流苏学士，梅花堂下梦芳尘。

落残涧上红桃花，流入隔江青草沙。
夜半苎萝村畔月，可能还傍越溪斜。

香山[②]

沙曾达

报道山花次第开，美人曾许采香来。
吴王韵事留幽径，喜拥蛾眉醉绿醅。

① 顾季慈辑、谢鼎镕补辑：《江上诗钞·卷一二七》，上海古籍出版社，2003年，1122页。
② 薛仲良主编：《江上诗钞·卷十三》，广陵书社，2009年，1207页。

游香山纪事诗[①]

刘半农

一

扬鞭出北门，心在香山麓。
朝阳浴马头，残露湿马足。

二

古刹门半开，微露金身佛。
颓唐一老僧，当窗缝破衲。
小僧手纸鸢，有线不盈尺。
远见行客来，笑向天空掷。

三

古墓傍小桥，桥上苔如洗。
牵马饮清流，人在清流底。

四

一曲横河水，风定波光静。
泛泛双白鹅，荡碎垂杨影。

五

场上积新刍，屋里藏新谷。
肥牛系场头，摇尾乳新犊。
两个碧蜻蜓，飞上牛儿角。

六

网畔一渔翁，闲取黄烟吸。
此时入网鱼，是笑还是泣？

七

白云如温絮，广覆香山巅。
横亘数十里，上接苍冥天。

① 张家港市政协金港镇工作委员会、张家港市政协文史委员会编：《江南香山》，方志出版社，2013 年，333 ~ 334 页。

今年秋风厉，棉价倍往年。
愿得漫天云，化作铺地棉。

八

晓日逞娇光，草黄露珠白。
晶莹千万点，黄金嵌钻石。
金钻诚足珍，人寿不盈百。
言念露易晞，爱此天然饰。

九

渔舟横小塘，渔夫卖鱼去。
渔妇治晨炊，轻烟入疏树。

十

公差捕老农，牵人如牵狗。
老农喘且嘘，负病难行走。
公差勃然怒，叫嚣如虎吼。
农或稍停留，鞭打不绝手。
问农犯何罪，欠租才五斗。

梅花堂诗

题小香山梅花堂诗五首[①]

〔明〕徐弘祖

予兄雷门，结庐种梅于小香山，山以吴妃采香名也。千年迹冷荒丘，一旦香生群玉，不特花香、境香，梦亦香，可谓不负此山矣。堂颜为坡仙笔。坡仙爱梅花以名堂，予兄借坡笔以酬梅，可谓不负此花矣。堂后削石为壁，刓石为池，面石为轩，中供绣大士，旁设榻几以憩客。月隐崖端，则暗香浮动；风生波面，则泛玉参差；其近景之妙也。堂前凭空揽翠，岫树江云，罗列献奇，帆影樽前，墟烟镜里，阴晴之态互殊，晨夕之观夐别，其远景之妙也。可谓不负此堂矣。予来时倏雨倏晴。予兄课仆移竹前村，乘月种之；中夜寒甚，各拥褥浮白而观。觞政锄声，互相磊落，孤山咏里，罗浮梦中，未

① 顾季慈辑、谢鼎镕补辑:《江上诗钞·卷四九》，上海古籍出版社，2003年，463～464页。

见此豪致也，可谓不负此游矣。予与兄同有山癖；予之汗漫，无所取裁，兄以一丘一壑过之，且筑圹于侧，与山缔生死盟，必如予兄而后为不负此癖也。行吟之余，忘其芜鄙，敬列如左，以当山中蛙鼓云。

得壶字

佳迹空山漫记吴，幽人逸兴寄髯苏。
种来香雾三千界，削就云根第一株。
水月遥分大士供，阴晴递换小山图。
片时脱尽凡尘梦，鹤骨森寒对玉壶。

得横字

幻出烟萝傍玉京，须知片石是三生。
春随香草千年艳，人与梅花一样清。
混沌凿开云上下，崆峒坐倚月纵横。
峰头且莫骑黄鹤，留遍江城铁笛声。

和兄韵

结庐当遥岑，爱此山境寂。
展开明月光，幻作流霞壁。
壁上叠梅花，壁下飞香雪。
泠然小有天，洵矣众香国。
香留妃子名，花洒名贤笔。
名以还山灵，笔以表山骨。
幽人物外缘，今古妙吻合。
造化已在手，香色俱陈迹。
相对两忘言，寒光连太乙。

醉中漫歌

吴妃当日将香采，此地遗名遂千载。
香魂芳草几悠悠，泡玉连珠为谁在？

天留名壤待名人，吾家季兄能采真。
九龙万笏掉头过，爱此荒寂之嶙峋。
冰雪长盟物外契，烟霞幻出人间世。
一斧劈开混沌天，千株忽现崆峒树。
绕屋梅花香更清，当窗竹影云俱轻。
梅香宜月竹宜雨，一时雅致谁与并？
我来恰值阴晴会，晓色空濛夜明媚。
雨中移竹月中栽，客与梅花同一醉。
不知孰主孰为客，不知是梅还是月。
此时香色已俱空，三岛十洲竟谁别？
自怜从来汗漫偏，将无失却壶中天？
何如向此媚幽独，长抱月明朝紫烟？

月中种竹歌

香山仙子孤山癖，爱种梅花向明月。
花香月色两空濛，更借琅玕点幽碧。
带雨遥分前浦云，当窗漫凿峰头石。
移来细细记南枝，种去萧萧映香雪。
移时雨候种时晴，透岭披峦月重白。
初照挥锄若有神，再照清标次第出。
一株新栽鸾凤翩，两株对舞蛟龙立。
三株四株几十株，影摇星斗天文坼。
一锄一杯月倒吸，一株一醉风生腋。
当年何数竹林贤？此日真成君子宅！
罗浮梦杳翠凝裳，湘水魂清玉为骨。
尚忆骑鹤崆峒游，翻恨中无此香色。
撇却手中九节筇，和云好共此间植。
他年酒醉竹成林，分向瑶池配丹阙。

题梅花堂[①]

〔明〕陈继儒

人如姑射气含香，不负梅花旧草堂。
高士不从山外得，好寻麋鹿问行藏。

登小香山梅花堂[②]

〔清〕朱廷鋐

山根远欲尽，陡起孤峰昂。
矫若灵凤翅，乍下仍回翔。
转溪景忽隐，古木森千章。
洞壑杳然静，阴阴如曲房。
山僧为我言，上有梅花堂。
扳萝出林木，老屋悬崖旁。
何来眉山额，笔势千年苍。
劫灰冷前代，人迹同荒唐。
俯仰倚檐石，飞翠来空香。
三叹不忍去，山山余夕阳。

梅花堂[③]

沙曾达

小峰特出傍山庵，堂号梅花树静涵。
疏影横斜多幻景，东坡遗额许相参。

① 张家港市政协金港镇工作委员会、张家港市政协文史委员会编：《江南香山》，方志出版社，2013 年，317 页。

② 顾季慈辑、谢鼎镕补辑：《江上诗钞·卷七一》，上海古籍出版社，2003 年，646 页。

③ 薛仲良主编：《江上诗钞·卷十三》，广陵书社，2009 年，1218 页。

桃花涧诗

游桃花涧[①]

〔明〕徐弘祖

睡足山中雨，起探云里泉。
重崖岚掩映，复道水潺湲。
涧是桃花旧，波摇松影鲜。
层层声捣石，矫矫势垂天。
吼虎深藏峡，狂龙倒挂川。
怒疑连壁坠，宛似趁风旋。
玉迸丝丝立，珠倾个个圆。
石文喧旧鼓，松韵协疏弦。
叱咤惊虞美，娇啼响杜鹃。
江光借飞影，海势助雄溅。
转觉一山静，遥分众壑妍。
我来当雨后，波去落衣边。
始信前来兴，无如此际缘。
银河鹊飘渺，华表鹤蹁跹。
洒雪魂俱白，披涛骨欲仙。
谁施开峡斧？更赖买山钱。
巧树皆垂臂，危岩并倚肩。
石牵绡作幕，松滴翠为钿。
隔坞飞云屐，凌空驾铁船。
不愁山欲暮，共与水争先。
何必寻三峡？还须受一廛。

① 张家港市政协金港镇工作委员会、张家港市政协文史委员会编：《江南香山》，方志出版社，2013 年，308 ~ 309 页。

桃花涧[①]

〔明〕王懋昭

吴王采香径，山左岗崔嵬。
云窦发一泉，寒碧流纡回。
石潭注复泻，下绕山之隈。
夹涧飞桃花，江雨春风催。

游归云洞桃花涧[②]

〔明〕黄道

秋暑初消玉宇寒，登临尊酒足盘桓。
石疑虎豹岩前踞，松作虬龙涧底蟠。
落日射波迷海色，长风吹雨过江干。
喜逢地主陈遵在，投辖堪留信宿欢。

游桃花涧[③]

〔明〕王之鼎

窈窕仙源一径通，苍松翠壁去无穷。
山藏古洞千峰里，地涌流泉乱石中。
丹蹬可攀人上下，断桥常阻路西东。
来游若得胡麻饭，何用思归似阮公。

桃花涧听莺[④]

〔清〕翁照

柳汀花港外，别爱作清游。

① 张家港市政协金港镇工作委员会、张家港市政协文史委员会编:《江南香山》，方志出版社，2013 年，309 页。

② 顾季慈辑、谢鼎镕补辑:《江上诗钞 · 卷二三》，上海古籍出版社，2003 年，254 页。

③ 顾季慈辑、谢鼎镕补辑:《江上诗钞 · 卷三八》，上海古籍出版社，2003 年，367 页。

④ 顾季慈辑、谢鼎镕补辑:《江上诗钞 · 卷十九》，上海古籍出版社，2003 年，819 页。

携得绿桑落，来听黄栗留。
空山群籁息，隔水一声幽。
骄煞闲丝竹，当春沸不休。

采香径诗

采香径[①]

〔清〕汪鹤龄

我踏香山峰，上有采香径。
采采马蹄香，寂寞为谁赠？
美人今不来，云林静疏磬。

采香径[②]

〔清〕王季珠

一摘复一摘，蝶引娥眉走。
采之欲遗谁，吴王开笑口。
金粉歇苏堤，五湖渺秋水。
千载朔风流，人去香留否。

采香径[③]

〔清〕吴达璋

赢得吴宫雨露新，东风抬举步芳尘。
红云绾住香盈袖，碧草铺残绣作茵。
乐府已翻金缕曲，樵歌尚锁绮罗春。
荒台废苑今何在，犹忆闺中拾翠人。

---

① 〔清〕庐思诚等修：《江阴县志·卷二十八·艺文诗》，江苏古籍出版社，1991 年，20 页。

② 薛仲良主编：《江上诗钞·卷六》，广陵书社，2009 年，651 ~ 652 页。

③ 张家港市政协金港镇工作委员会、张家港市政协文史委员会编：《江南香山》，方志出版社，2013 年，324 页。

洗砚池诗

画蒲石[①]

〔明〕何澄

帘幕春寒浥露蕤，一泓泉石浸冰肌。
香消宝鸭琴书静，翠影闲看落砚池。

东坡洗砚池[②]

〔清〕包煦

望古思古人，欲以淘胸臆。
不见古人形，试寻古人迹。
玉局散仙人，珥笔金门客。
慷慨感主知，直陈救时策。
茎不揆余衷，谣啄成颠踣。
赤壁屡放舟，海南难赁宅。
明知识字非，忠肝不能默。
乞居常州时，羊肠幸离轭。
心旷万缘空，如砚去宿墨。
此地一徜徉，千古思履舄。
溶溶半池水，照人尚凝碧。
因笑米襄阳，淋漓袖片石。

洗砚池[③]

沙曾达

东坡遗迹纪香山，书法超然孰可攀？
砚洗芳流珍翰墨，一池清水认回环。

① 顾季慈辑、谢鼎镕补辑：《江上诗钞·卷九》，上海古籍出版社，2003 年，116 页。
② 顾季慈辑、谢鼎镕补辑：《江上诗钞·卷一百》，上海古籍出版社，2003 年，911 页。
③ 薛仲良主编：《江上诗钞·卷十三》，广陵书社，2009 年，1212 页。

圣清池诗

圣清池[①]

沙曾达

憩息香山仰魏公，寺旁曲水引流通。
圣清题额留鸿雪，点缀禅林翰墨工。

鹿女湖诗

鹿女湖[②]

沙曾达

鹿女翩跹与众殊，徵求浴水竞投湖。
洁清自矢归何处，云影波光变幻无。

其他诗歌

扬子秋涛[③]

〔明〕尹嘉宾

香山与真山，天台及石屋。
秋至好观涛，雪浪喷林木。

扬子秋涛[④]

〔明〕许学夷

秋空万里绝纤埃，倏见惊涛海上来。
触石偶从鹅鼻转，拍天遥向马驮回。
声如急峡雷霆震，险过瞿塘滟滪堆。
白马素车谁解赋，须知枚叔是雄才。

---

① 薛仲良主编:《江上诗钞·卷十三》，广陵书社，2009 年，1212 页。
② 薛仲良主编:《江上诗钞·卷十三》，广陵书社，2009 年，1203 ~ 1204 页。
③ 顾季慈辑、谢鼎镕补辑:《江上诗钞·卷四十》，上海古籍出版社，2003 年，384 页。
④ 顾季慈辑、谢鼎镕补辑:《江上诗钞·卷三九》，上海古籍出版社，2003 年，376 页。

巫门夜雨[①]

〔明〕尹嘉宾

夜雨暗巫门，幅幅梅花画。
延陵几古人，多付渔家话。

巫门夜雨[②]

〔明〕张履正

巫岭十二重，吴山那得此。
渔灯带雨来，似洗潇湘水。

巫门夜雨[③]

〔明〕许学夷

巫门雨色暗江干，独宿扁舟水国宽。
烟霭冥冥归雁度，菰蒲飒飒夜渔寒。
凄清梦入潇湘渚，恍惚神游黯澹滩。
却怪终宵虚枕席，惟闻神女佩珊珊。

稷山十景（选七）[④]

〔明〕张琦

山有太古色，人无金石年。
醉眠山翠里，犹自说神仙。

泥桥亚春水，上有携鹤路。

---

① 顾季慈辑、谢鼎镕补辑：《江上诗钞·卷四十》，上海古籍出版社，2003 年，384 页。

② 张家港市政协金港镇工作委员会、张家港市政协文史委员会编：《江南香山》，方志出版社，2013 年，313 页。

③ 顾季慈辑、谢鼎镕补辑：《江上诗钞·卷三九》，上海古籍出版社，2003 年，376 页。

④ 张家港市政协金港镇工作委员会、张家港市政协文史委员会编：《江南香山》，方志出版社，2013 年，第 314 ～ 315 页。

回首孟津河，高涛不可渡。

采薪归赏晚，月出以为期。
歌声隔西岭，五答饭牛诗。

牛脊春阴恶，溪风布袴单。
农人解占候，还有种田寒。

野朴少高调，东风吹近林。
长安丝共竹，恼杀是多音。

空洲竹烟暝，钓伴未全归。
野唱藏机事，鸬鹚挟水飞。

小园容春窄，索之刚十围。
好音留不住，蜂蝶暮将归。

桃源洞[①]

〔清〕马捷元

避秦人去几千年，赢得空名此地传。
曲径未通巫子渡，一泓犹泛武陵泉。
兴供骚客题难没，冷伴流民梦易还。
愧我萍踪飘泊甚，桃花春色独堪怜。

① 顾季慈辑、谢鼎镕补辑:《江上诗钞·卷七十》，上海古籍出版社，2003年，638页。

镇山桃源洞[①]

〔清〕吴清之

镇山兀立大江边，有客来游上绝巅。
烟树苍茫浮远渡，水禽出没破清涟。
吴王画艇今安在，齐国穷兵今尚传。
遥望神洲思惆怅，海隅何日乐尧天。

诵大桥镇[②]

〔明〕沈翰卿

一镇雄居澄东方，二山成屏锁郊廊。
三市开张南北货，四时货鲜数鱼行。
五里长街分井字，六路商贾盘钱庄。
七家雷沟大布坊，八色古董来典当。
九成赤金珠宝店，十字街头盈天堂。

大桥道中[③]

〔清〕陆次云

行部樵田里，搴帷望远山。
画桥横曲港，微径入香湾。
地僻风犹古，形劳意自闲。
精庐还一憩，清磬出松关。

---

① 张家港市政协金港镇工作委员会、张家港市政协文史委员会编:《江南香山》，方志出版社，2013 年，324 页。

② 张家港市政协金港镇工作委员会、张家港市政协文史委员会编:《江南香山》，方志出版社，2013 年，311 页。

③ 张家港市政协金港镇工作委员会、张家港市政协文史委员会编:《江南香山》，方志出版社，2013 年，318 页。

真山[①]

沙曾达

至尊观建号真山，有女仙成在翠湾。
爱瘯鹿娘传韵事，魂销已久孰追攀？

石筏山[②]

沙曾达

高飞巨石入江中，数丈平悬竹筏同。
上下疑随潮水定，秦皇浮海逞威风。

稷山[③]

沙曾达

高风别业在峰湾，薛稷幽居号稷山。
啸傲烟霞谁作伴，顾淞墓碣许追攀。

镇山[④]

沙曾达

昔有虹霓出此山，镇星陨化任回环。
老僧独立惊奇石，云看无心作岫闲。

巫山[⑤]

沙曾达

石壁高分十二层，淋漓瀑布水云蒸。
巫门夜雨传佳话，更见鸡冠旭日升。

---

① 薛仲良主编:《江上诗钞·卷十三》，广陵书社，2009 年，1206 ~ 1207 页。
② 薛仲良主编:《江上诗钞·卷十三》，广陵书社，2009 年，1208 页。
③ 薛仲良主编:《江上诗钞·卷十三》，广陵书社，2009 年，1209 页。
④ 薛仲良主编:《江上诗钞·卷十三》，广陵书社，2009 年，1207 页。
⑤ 薛仲良主编:《江上诗钞·卷十三》，广陵书社，2009 年，1208 页。

覆酒山 [①]

沙曾达

低小山形似覆舟，讹呼覆酒义难求。
纷来游客多豪饮，乘醉登临兴不侔。

归来吟 [②]

〔明〕卞荣

潮落石头港，云归巫子门。
沙洲半江里，杨柳数家村。
泰宇天光发，虚堂夜气清。
知更有一鹤，不待众鸡鸣。

香山楹联

牌坊楹联

香山风景区牌楼

题额：仁者乐山，智者乐水

正面内柱：江山满目开新卷，城阙朝阳散积阴。

正面边柱：斯文在天地，至乐寄山林。

背面内柱：清气若兰虚怀当竹，乐情在水静趣同山。

背面边柱：山水之间有清契，林亭以外无世情。

---

① 薛仲良主编:《江上诗钞·卷十三》，广陵书社，2009 年，1209 页。

② 顾季慈辑、谢鼎镕补辑:《江上诗钞·卷一十》，上海古籍出版社，2003 年，141 页。

香山风景区入口处楹联（2017 年）　　邱亚峰　摄

香山风景区入口处

门额：江南香山

边柱：瑞露凝甘留净域，香岩拥翠俯晴江。

内柱：寄迹山中日看犁云耕雨，忘机世外时欣弄月吟风。

香山风景区出口处

门额：吴苑幽境

内柱：天际白云可被大江留住，江边芳草都凭杰阁收来。

香山风景区出口处楹联（2017 年）　　邱亚峰　摄

香山揽胜牌坊楹联（2017 年） 邱亚峰 摄

边柱：四大皆空坐片刻不分你我，两头是路吃一盏各自东西。

香山揽胜牌坊

正面内柱：天际水光浮日月，山连云气拥虬龙。

正面边柱：骋目两三州胜景尽收眼底，神怀数百代风情常在心中。

背面内柱：满眼繁华煌大地，一峰独秀入苍穹。

背面边柱：柱镇江海间能当雄兵十万，名标山水籍欲揽秀壑惟斯。

采香径牌坊

正面：春随香草千年艳，人与梅花一样清。

背面：千林彻照三吴月，一径长留异代香。

亭台楹联

坡仙亭

凭虚御风挟飞仙以遨游，

遗失独立抱明月而长终。

钓鱼亭

流水一曲众山皆响，
渔歌八音万涧奔流。

暗香亭

柳占三春色，
荷香四座风。

竹亭

风惊晓叶如闻雨，
月过春枝似带烟。

闻香亭

入帘香霭团晴画，
匝地红绡绚晚霞。

品香亭

天边斜雨挂烟树，
江上夕阳明酒楼。

揽胜亭

登高极目隐隐长江收眼底，
依槛抒怀层层华夏出平畴。

缘来亭

真伴侣众里寻百度，
好姻缘千年等一回。

慈鹿亭

呦呦鹿女鸣湖下，
朗朗德音响谷中。

奇螺亭

世界多奇妙，
山川蕴性灵。

梦香轩

夜床风雨愁无酒，
春草池塘梦有诗。

听松吟

泉迸幽音离石底，
松含细韵在霜枝。

偶得廊

佳联应偶得，
妙境乃天成。

圣过潭

伏虎降龙追思先哲，
耕云播雨有待今贤。

楼堂楹联

仰崇楼

亦将亦相功勋赫赫标青史，
允武允文策论煌煌著令名。

沁香楼

高阁三层烟树里，

青山半角夕阳中。

荷花茶厅

若能杯水如名淡，

应信春茶比酒浓。

藕香斋

风含翠条娟娟净，

雨浥红蕖冉冉香。

梅花堂南

梦中山水胸中志，

足底烟霞笔底文。

梅花堂内

春随香草千年艳，人与梅花一样清。

清樽夜话沙州井，帚笔朝题陌上花。

梅花堂北

诗老不知梅格在，

更看绿叶与青枝。

聆风塔楹联

聆风塔西

登高塔欲游目骋怀一层更上，

绕回廊喜山光水色四望皆通。

聆风塔南

塔收江海气，泉出鱼龙渊。

月影浮光堪证性，松声竹色共忘机。

聆风塔北

山光扑面径新雨，江水回头为晚潮。

江月偏于舟上白，水风长作雨来静。

碑文选录

重建大桥碑记

在大桥古镇的大桥东堍南侧立有一块《重建大桥碑记》石碑，碑面朝南，碑中记载了清乾隆年间江阴知县蔡澍带头捐俸重建大桥和拓浚石头港的情况。乾隆二年（1737）开始重建大桥，随后拓浚石头港，历时二年，竣工后蔡澍撰写了碑文。2013年7月23日，由金港镇文体中心和香山风景区将古碑存放在香山风景区内。古碑用青石雕刻而成，碑体正面为长方形，厚度呈梯形。碑体长166厘米，宽68厘米，顶厚15厘米，底厚28厘米。碑文用楷体书写，正文有450个字，还附刻了重建大桥和拓浚石头港的捐银情况。碑文如下：

大桥在大桥镇，为往来孔道，乾隆间圮。

县治东三十里，曰宝池乡，乡有石头港，经横河通陈雷沟，由镇山东北入江，为东乡之要道，水汇处，大桥跨焉。明正德间，邑绅陈诞修之，蝀亘虹矗，规制特壮，岁月既久，潦发而桥头行道彷徨病涉，兼以危石坠港，泥沙淤积，潮汐罕达。丁巳之夏，余公事东行道斯桥，召里民而告之，即捐俸倡，始择夹区好义者董其事，刻日鸠工，三阅月而事竣。又募夫浚港，排沙发石，浅者深之，狭者广之，袤延十余里，荡荡潏潏，直达海涯。水陆胥庆佥曰："使君之赐也。"予安敢自多哉。惟念余当始事时，民皆有难色，及排众议而修之，民不罢劳而克奏厥成。夫长民之责，固不在小数之斤斤云尔。其在周礼司险掌九州之图，以知山泽之阻，孟子亦述杠梁之政，以乘与济人为小惠，诚以当日之所称惠人者，在能立法经制，使积弱振起，讵以章都鄙伍田畴之经济，而顾煦煦焉，自媚于民哉？予自知才谫，惟有便于民生者，则蚤夜以图，非敢希古循吏也。第不敢因循藉手以旷厥职，区区之忱或于是乎在，因兹桥之成，爰述于治江之意，并望后之继今者，时踵而新之，以常利此一方云。是为记，乾隆已未仲秋立石。

后陈镇新建城隍神庙碑记

后滕城隍神庙是当地居民祈求风调雨顺免遭水淹之庙宇，称为"法水庵"。之后，因年久失修，破败不堪，于乾隆十六年（1751）重建，有"赐进士张廷槐撰并书"碑文，碑文如下：

扶舆之气，蜿蜒磅礴而郁结。其得气之厚者，水土必甘以沃，形势必蟠以固，生息物产必繁滋而畅茂。而方其始也，又必有巨室大家以生聚缔造于斯，而后滋丰履盈，莫之为而为，遂以根蒂于不拔。若唐之曲则曰韦杜，汉之社则称枌榆，艳诸简编，传诸记载。盛衰之故，虽由地利，岂非人事哉！距暨阳东郭五十里，有地曰后陈，曩余应试时尝访姻家孙丈远侯于兹。览其原野清旷，烟井骈阗，百昌蕃庑，为流连者久之。既憩法水庵，庵僧为余言：斯地之盛，非自昔然也。今有肩摩毂击，列肆而成帷者，向之荒畦蔓草，茅茨而断垣也。自我孙公偕章君宪文，构庐舍，揭钱力，为招徕提倡计，而四方之牵车牛者，骈至而辐凑，浸以巨镇尔。余心识之勿忘。别去岁邈，每忆江上旧游，遥在天末。而丈之嗣君一鸣寓书京邸，述后陈市益加拓，且即法水庵旧区更建□城隍神庙。凡殿栖门庑之属一新，厥观规抚悉称，并详志其经费、迄工之始末，绘图以来丐余作纪。余惟神道设教，圣人用以前民，传称，先成民而后致力于神，故明禋之典，与民事相终始。况夫奄昧之野，污莱之壤，卒焉而环丽，几与五都市埒。纵极地利之酝酿，人事之绸缪，苟非有昭昭之灵，默以保厘，奠定于是，曷易及此？崇报之礼，夫宁可恝诸？乃吾孙丈，既芟荆剪荼，以展辟兹宇，覆能不靳财贿，偕陶君孟傳、江君元一暨诸同志竭蹶而谋之，不日而成之，岿然翼然，大观在上。俾乡之父老子弟，春祈秋报恒于斯，岁时读法，型仁讲让亦恒于斯，将见和气协洽，神庥洊至，被润泽而大丰美。即拟诸韦杜之曲、枌榆之社，又奚以异？则是举也。为真知大体者，岂徒祷祀祈福之戋戋云尔乎？余既嘉孙丈及诸君子之好义勤事，而尤善一鸣之能，道扬前烈于有永也。乃纪其端委如此，珉诸贞石，兼以为斯土炽昌之券云。

缘头 江元一 徐慎思 周文耀 陈尔扬 闵世愷 陈惠山

捐银 孙士成助银壹佰两 陶孟传助银壹佰两 利昌号助银拾两 周永茂助银拾两李元一助银拾两 陈尔扬助银拾两 闵世愷助银拾两 江元一助银拾两 卞门卢氏助银拾两 陈彩若助银拾两 曹用宜助银拾两 曹红声助银拾两 曹燕贻助银捌两利生号助银陆两 义成号助银陆两 陈元昌助银陆两 利源号助银陆两 启泰号助银陆两 大成号助银陆两 卞彩京助银陆两 周佐其助银肆两 陈惠山助银叁两 寅盛槽坊助银叁两

赐进士张廷櫆撰并书

乾隆十六年岁次辛未孟秋 立石

永丰桥公建城隍庙碑记

清乾隆二年（1737），乡人受县令蔡澍之委托，修建城隍行宫，将涤凡寺易名城隍庙，乾隆三十一年（1766）立碑纪念。石碑用青石雕刻而成，碑体长150厘米，宽66厘米，厚15厘米。碑文用楷书书写，正文有742个字，附有倡议人和发起人名单。碑体正文原文如下：

圣王之于天下也，有宫以治，明即有神，以理幽凡，水旱疾疫，大蓄大患，人力无所施者，藉神以消引之。于是郡县有城隍神祠之建，乡镇亦设城隍行宫之所，以便祈祷也。江邑东行二十余里，有永丰桥，其地北枕香山，中界横河，南接稷山及覆酒山，东北毗连沙洲，正东抵后塍阳厍，桥扼中道。昔时居民寥落，迹因生齿日蕃，商贾麇至，列肆居货，蔚然成一市镇矣。其父老子弟有城隍行宫，以壮规模。且为朔望，宣论讲约，翁所里耆何涵玉、王用宾、任秀章等，于乾隆二年纠里绅二十人，继添汤世耀等五人，集货卖废涤凡寺基一亩，议建神祠。勤募各行铺张东旭、方延三、章元丰等，日积钱钞充费，不孚众姓垫补。至六年，始克选材边工，造前后堂轩六楹，渐加装葺，逮十二年工竣。又念有祠不可无人看守，买祠旁地一亩六分。十九年，造内屋三楹，二十五年，增门屋三楹。邑侯汪过此，赐捐不足，首事人多方贷用，里长张朝宗悉心襄事，以迄于成，盖创始之艰如此。其间，老者多谢世，存者何涵玉等仍虑姜缘莫继，复募少壮二十五人，而陆耀先，任彦章、何于先为之首，誓愿出力，以延香火。住庵僧始文慧，继雪苹，至鉴明勉励支持，众推胜任。而用宝老诚能诗，素与予往来，请书其事于石，予闻之。柳子厚曰："贤者之兴而遇者之废，勤而兴者为是，则怠而颜者为非。"况成民至，神乃敷治之大端，乌可以乡野忽箕哉。惟是居民勉于孝悌，力田商贾，诚于信宝不欺，则此镇日新月异，出其余力，勤葺庙庵，而民神成宜，可永太平之福矣。予虽衰老，固乐其成也。肯为之击土鼓，而咏幽诗耳。耳东七十六叟，继实高敬识。

乾隆二年倡议首起续增共三十五人姓名

何涵玉　顾明远　朱锦成　何于蕃　王天中　任彦章　袁侃珂　任永华　任永忠　顾良候　何天成　袁天绿　朱世杨　王惠能　缪建秀　李洪文　顾上候　何其美　王用宾　何于道　顾彦如　陆耀先　李洪章　顾运候　张玉如　戴萬程　任在诚　刘趾麟　汤世耀　李九章　顾瑞如　王荫三　任秀章　董名扬　顾金麟

乾隆十八年继起诸人姓名

何秉文　何凤新　张积山　何汉兴　陆礼元　章　海　何宗本　陆行义　王世安　何凤丹　缪文林　王永才　何凤章　缪敬五　缪洪远

乾隆三十一年八月五日里人公立

大桥乡清节堂记

清节堂于1917年动工，1925年建成。为了彰显捐款者的善举，请时任江阴县教育局局长钱体纯撰写碑文，原文如下：

节，何人不当立？无节，则君父朋友之间忽离忽合，忽亲忽疏，可欺可卖，可仇可杀。岂独身为寄豭，杀之无罪而已。女子无节，非特污其身，污其配偶，污其父母、舅姑、兄弟姐妹及其子女，以一人之身，而及数十人，可不哀哉！今何世乎？自由结婚，无端离异，报纸数见，讼庭常有之事，无足怪者，何暇及所天相背之时欤？处此世者，岂惟一乡一里之忧！邑大桥乡蒋汤氏，父景陶，弟汉章、玉章，皆闻人也，氏生长名门，夙娴礼教。年十九归宝廷，二十九而寡逮，四十五岁捐所蓄，创建清节堂于大桥五段。同时赞助者有陈叶氏、汤蒋氏等。于民国六年，鸠工建筑迄今，已成正厅五间，厢房六间，厨房、浴室具备。指示监督，心与力交瘁焉。于是，不幸而寡。既寡而以清白自守者，皆得寄养，以终其身。规程俱知遵守，婢仆能勤洒扫，乡人加敬焉。惟所募捐款，既恐久而弗彰，基地田亩，又虑或生纠葛，因请为之记，勒诸石，附载其细数。噫！当兹世风衰薄，道德沦丧之际，彼弱女子尚能约其身，有所建树，使人同是心，心同是。理者得以保全初衷，卓然特立，不为卑贱龌龊所波靡。其有功于世，不亦大且远欤。

中华民国十四年岁次乙丑仲秋之月　　江阴县教育局局长钱体纯撰并书

蒋汤氏　壹仟元　汤潘氏　贰百元　蒋汤氏大桥五保谈字一千四百六十九号平田，四分一厘一毫五丝，亦充作清节堂基地，又谈字一千七十六号平田二亩五分六毫六丝六忽，海堪沙下二册

陈叶氏　柒百元　陆四小姐　壹百元　吴之屏案耿文魁圩内东起第二号粮田二亩二分

殷黄氏　叁百元　谢黄氏　壹百元

叶陈氏　贰百元　潘王氏　伍拾元　叶吴氏　大桥五保谈字二千四百六十九号平田四分一厘一毫五丝　亦充作堂基

汤蒋氏　贰百五十元　徐顾氏　大桥五保谈字九百十七号平田，二亩七厘七毫；大桥蔡港保飞字三百四十三号平田，二亩一厘七丝一忽

蒋徐氏　贰百元　汤汉章　叁百元

章沈氏　壹百元　保节局拨款补助约壹仟元

修建校舍记

1913年，占文地方人士将香稷小学移至涤凡寺借寺办学，取名詹文桥小学。丁丑（1937）事变后，学校毁损严重，1938年冬，地方人士缪端生、王恩洽、谢文灏、吴梦华等捐资修校，于1940年竣工，刻碑存放小花园东侧走廊内。2006年，改建校舍，《修建校舍记》石碑与《占文小学改建校舍记》改建新碑并放在前校园西侧青枫树旁，距菩提树25米。石碑用青石雕刻而成，碑体呈台体状。正面是长方形，长150厘米，宽60厘米；侧面似梯形，碑面150厘米，碑底85厘米，厚33厘米；碑文用楷体书写，正文有14行，每行49字，计757个字，附有校董名单。碑文原文如下：

詹文桥小学校舍，毁于丁丑事变，弦歌于以中辍。越年戊寅冬，以邑境沦陷，历时年余，学龄儿童苦无就学之所，地方人士有缪端生、王恩洽、谢文灏、吴梦华、任云程、谢守谦、俞允明等发起修建校舍，恢复学校，乃召开地方人士代表会议，通过筹措修建校舍经费办法，并组织校董会，聘请校长以主其事，当即推定吴梦华为主席校董，聘请俞允明为校长，谢守谦为校务主任，筹划经营，时序更新。己卯正月乃开工修葺校

舍，二月二十日照常开学，本期修葺费用共计柒佰念捌元三角三分玖厘。是年暑期开学时，渐渐入冬令，各室门窗一无所有，是以再行雇工添置门窗，并建厨房、浴室两间，走廊三处，所费共计柒百伍拾玖元柒角玖分玖厘。复以学生拥挤，势必添置校舍，乃再召开地方人士会议，议决将涤凡寺大殿神像迁至该寺前进，该大殿充作该校礼堂，并据监督寺庙条例第四八十三条之规定，再将拥香庵禾田三亩五分整，呈请变卖，充作添建校舍经费，旋奉县府指令，教字第九五号内开呈悉，所呈各节，查该条例，事属可行，仰将地方人士变卖经过，并将管所属机关证明文件，到府转省备案此令等，因奉此遵，即将该禾田于是年冬由主席校董吴梦华、詹文乡乡长任云程、该校校长俞允明，同地方人士缪丙峰、周文歧等以据法令、指令与决议案，负责变卖到青墩上尹焕璇名下，计得绝田价银肆佰伍拾贰元，即购木料陆佰元。本期添置购买经费，共计壹仟三佰伍拾玖元柒角玖分玖厘。本年庚辰二月间，谢文灏以事赴申，便中商筹建筑新校舍经费，而吴云庆慨允，集旅沪同乡，商讨办法，渠固先后认捐钜款，而各同乡，亦大解仁囊，即席认捐，统计竟达壹仟贰佰元之巨，热心桑梓教育于斯益见。所建新校舍共计九间及走廊四处，共费贰仟肆佰肆拾余元各户认捐细数，当另刻石建碑，以扬仁风。该校经内外之努力，于二十八年度下学期起，始改称今名。兹值新校舍落成之日吾等濡笔而为之记。

占文小学校董：

缪端生　吴梦华　任云程　王恩洽　俞允明　谢文灏　谢守谦　缪丙峰　赵体钟　葛叙五　吴云庆　吴云祥　王箴　王亚球　谢守先　王晋彝　周守成　王宗彝　周文歧　章明成　顾子金　徐鸣球　贾林宝　徐舜年　谢伯藩　马清和　张静康

民国二十九年岁次庚辰十二月中旬榖旦

里人　尹莘稼谨书

张家港节制闸竣工纪念碑碑文

1958年11月3日，江阴县人民委员会组织南沙、后塍、周庄等26个公社的6万余名民工及解放军驻黄山部队1840名指战员开挖、拓浚张家港口至江阴县北漍集镇段的张家港运河。工程于1959年5月18日开坝放水；同年冬至1960年4月扫尾。两次共投入民工6.5万人，拆除旧桥31座，新建桥9座。在离港入江口1.5千米安利桥处新建7

孔、净孔宽 32 米的节制闸（张家港节制闸）1 座，总投资 160.9 万元。张家港运河拓浚后，受益面积 25 万余亩，能使区域内免除洪涝灾害，保证农田长年灌溉，提高了长江转运内河的运输能力。碑文原文如下：

一九五八年是全国工农业生产大跃进的一年。我县为着彻底消灭水旱灾害，争取农业产量更大跃进，在中共江阴县委的领导和全县有关单位的支持下，在一九五八年十一月至一九五九年五月间，经过廿六个公社六万余民工、八百名技工的艰苦奋战，以冲天干劲，崇高的革命热情，攻破保守，大搞技术革新，克服了施工中的技术和工具等困难，共计完成土方一〇五〇万公方，石方五三八〇公方，混凝土五二九二公方，胜利完成了本县最大一项水利建设——拓浚张家港及建闸工程——兹将本工程概况记述如下，永志纪念。

我县东部地区没有主要通江河道，所有农田灌溉和排水全赖狭窄淤浅水流阻塞的港叉和应天、东横两河，但不能满足需要。因此，择定张家港辟为入江口子。由港口向南，经三甲里，越东横河，经亭子港、应天河，迄北澜以东常熟县境止，全部拓浚。并在港口建闸，用以挡潮排水，引潮灌溉，调节长江与内河水位，达到大引大排大调度的目的，使全河（两岸）六十万亩农田能及时灌溉和排涝，并可有利和发展航行。

本工程拓浚河道共长卅六公里。新河标准分为三段：港口至袁家桥底宽六十公尺。袁家桥至刘家桥底宽五十公尺。刘家桥至北澜底宽四十五公尺。河底高程均为吴淞零点以下零点五公尺，边坡一：三，两岸各留青坎十公尺，有主要附属建筑物周庄公路桥一座，全桥九孔净跨七十三公尺。

节制闸位置离港口一公里，闸孔净宽卅二公尺，计七孔。中间五孔各宽四公尺，两边孔各宽六公尺。闸身为重力式，建立在天然地基上。闸身全长一百一十八公尺。闸上设有工作桥和公路桥，用以启闭闸门及通行汽车。闸门为直升式木门。中间五孔用齿杆式启闭机启闭，两边孔分上下两扉，用绳鼓式启闭机启闭，可以通航。

本工程对我县工农业生产和交通运输等方面关系至为密切，希全体干部和社员共同负责，加强养护管理工作，勿使遭受损坏。

江阴县人民委员会

公元一九五九年六月立

巫山渡江战役登陆纪念碑碑文

位于金港镇巫山之巅。1949年4月21日夜，中国人民解放军第三野战军第二十九军八十五师二五三团、二五四团、二五五团从靖江县新港起航，强渡长江，分别在沙洲双山沙、长山西段和石牌港、长山中段和巫山港之间与国民党守军激战。至22日黎明，二五五团攻占巫山地区。张家港境内随之解放。此役，有指导员田力等200余名指战员壮烈牺牲。1992年4月，张家港市委、市政府建造巫山渡江战役登陆纪念碑。1995年4月，巫山渡江战役登陆纪念地被列为张家港市爱国主义教育基地。2007年7月，巫山渡江战役登陆纪念地被列为张家港市文物保护单位。

渡江登陆战役纪念碑碑文如下：

为执行中国人民革命军事委员会主席毛泽东、中国人民解放军总司令朱德发出的向全国进军的命令，中国人民解放军第三野战军第二十九军第八十五师受命担任渡江战役东路突击集团第一梯队左翼师任务，于一九四九年四月二十一日夜从靖江县新港起航，强渡长江。翌日凌晨，分多路在西开沙（双山沙）、长山、巫山、张家港港口地段实施登陆作战。拂晓前陆续攻占西开沙、长山、巫山、凤凰山、香山地区，胜利完成建立登陆场任务，解放张家港地区。是役，田力等二百余名指战员壮烈牺牲。特立此碑，永志纪念。

张家港市人民政府

一九九二年四月

民间传说

智坤和尚

智坤，祖籍广东，出身豪门，从小受太平军拯救百姓的思想影响，爱打抱不平。长大后到苏州灵岩山拜涵德法师为师，刻苦学艺，练就了一身轻功和气功，武艺十分高强。法师劝智坤出家当和尚，但他要孝敬母亲，没有答应。

一天，苏州枫桥一带的地痞恶棍趁智坤不在家时，放火烧了他家的房屋，他的母亲也被烧死了。智坤安葬好母亲后，就到灵岩山削发为僧。光绪十四年（1888）后，为了躲避战乱，智坤和尚来到了香山。

香山上有一座小庙，叫作朝南三官堂，智坤和尚就在庙堂住了下来。他收了五十多个佛教弟子，每天和弟子们一起读佛经、练武功。为了扩建庙宇，智坤大师想方设法化缘钱物。经过 20 多年的辛勤努力，陆续建造了 30 多间庙屋。其中，观音殿、大圣殿、荷花茶厅等最引人注目。

智坤大师跟当地群众的关系很密切。一天，他要到后塍法水庵去听经讲佛，有个叫蒋根的年轻人想要跟他去。智坤大师说："你不是和尚，去做什么？"但蒋根非常想去看热闹，就想了个办法，说："我用车子（独轮小车）推你去，好不好？"智坤大师说："我有一百五十多斤重呢，你推不动。"蒋根哈哈大笑，说："师傅看错人了。"说完，将门外一块三四百斤重的大石块举了起来。智坤大师见蒋根身强力壮，而且也确实想去，就同意带他去了。智坤大师上车后，蒋根把车子推得很快，以表现自己的力气。谁知走到半路，车子越来越重，轮子已陷入土中半尺，蒋根知道智坤大师在用气功，他推了几步，停下来指着道路说："车把路一劈两半，别人怎么走呢？"智坤大师笑道："难得，难得，我们赶路吧！"于是使出轻功，蒋根顿时觉得像推了空车一样，很快到了后塍法水庵。傍晚准备回到香山时，智坤大师对蒋根说："小兄弟，我不坐你的车子了，你走近路，我走北面的远路，我们来比一比谁先回到庙里。"当蒋根推车飞快赶回时，智坤大师已回到庙里煮好了香茶，盘坐在团席上闭目养神呢。蒋根见状，心悦诚服，即伏地恳求收他为徒弟。智坤应诺，传授他醉八仙、长拳、对子拳等武术。

由于智坤和尚武艺高强，香山周围的地痞恶棍再也不敢欺压百姓了。1919 年，智坤大师 61 岁寿终圆寂，葬在香山。

戴定光成佛

清朝年间，相传大桥镇香山东面的雷沟乡戴家弄有一鱼贩，姓戴名元，字定光，每天都去江阴挑鱼，贩卖到家乡集市上。

一天，天阴沉沉的，戴定光一大早就起了床，匆匆忙忙吃了些早点，就赶紧向江阴进发。走到大桥镇横跨石头港的一座大桥时，觉得时间还早，就在桥洞内稍做歇息。刚躺下不久，迷迷糊糊中忽听得有人说八仙要经过大桥，必须赶紧打扫。定光听得此语，翻身坐起，专等八仙到来。不久，果然有八仙经过。先有七位神仙走过，都说后面有人，最后戴定光抓住第八个铁拐大仙不放，定要向他索取宝物。铁拐大仙问定光做什么生计，定光答道："我以贩鱼为生。"铁拐大仙听后，便在身上抓抓捏捏，搓成了一颗又黑又脏的污垢团，交到定光手中，并对定光说："今后去挑鱼，专拣死鱼买，回家后放入缸中，加上水，将此物往缸中一搅，死鱼就会活过来。"话刚说完，一晃就不见了人影。

从此以后，定光就天天将死鱼买回，将活鱼卖出，获利远远胜过他人，全家日子也越过越好起来。同行见此情形，觉得很奇怪，于是就在邻居隔墙的穿头板缝中偷偷察看，发现了其中的秘密。一次，定光正把那颗污垢团放入缸内，邻居的一位同行就从隔墙的穿头板上跳下，动手要抢他手中宝物。定光猝不及防，无奈之中只得匆忙将那污垢放到嘴里吞入了肚内。自从吞下那污垢团后，定光便三界看破，四大皆空，再也不干那贩鱼的行当，到香山的禹王庙当了和尚。

不知不觉一个月过去了，他的妻子非常想念他，想起戴定光平时爱吃螺蛳，就买了螺蛳，剪掉屁股煮熟，于农历三月十五香山庙会这天来到禹王庙，一面送上螺蛳，一面劝丈夫回去，说话时泪如雨下。定光见妻子真心要他回去，不禁流下了热泪，泪珠滴在螺蛳上。他对妻子说："我已经当了和尚，不能再回去了，你一个人回去好好过日子吧！"他的妻子见劝说没有用，只好一个人走了。途中，她把那煮熟的螺蛳倒在圣过潭中。没想到这螺蛳沾上了定光的眼泪，也得了佛力，虽然没有屁股，而且已经煮熟，却在水中全都活了过来，一直繁衍到今天。

老方丈通过一段时间的细细观察，发现定光对大磬、吊钟、大鼓、木鱼等不点自通，便推荐他去定山礼敬寺。后来定光又去常州天宁寺深造。学成后，赴杭州得道成了灵隐寺中的定光佛。

金车银轴

传说很久以前，大桥镇西边有一座小石桥。有一天，一个江西人经过大桥镇，发现小石桥头的石磙很特别，便找到石磙的主人——一个农夫，说愿意出500两银子买下石磙。农夫觉得很奇怪，一个旧石磙出这样高的价钱，其中肯定有文章。农夫问江西人要这个石磙有什么用。江西人经不住农夫的一再追问，告诉他说，用来撞击香山石虎门。农夫还要进一步追问，江西人就不肯再说了。农夫从江西人的语言神态中，看出石虎门内一定有宝，于是就不肯再卖石磙了。

江西人走后，农夫就和他的儿子商议，准备自己去取宝。等到晚上，父子俩扛着石磙来到石虎门，将石磙对准石门猛烈撞去。只听得轰隆一声，洞门大开，正中央放着一个用黄金做成的水车和用白银做成的车轴。父子俩急忙扔了石磙，钻进山洞，把金车银轴扛在肩上，正准备跨出洞门，突然从边门里窜出两只猛虎，眼睛发出蓝光，张开血盆大口，直向他俩扑来。父子俩吓得瘫倒在地，心想这下准没命了。没想到猛虎并没有伤害他们，只是把他们衔到石虎门内，罚他们在洞内的金车银轴上日夜不停地车水。

天已大亮，农夫家人不见父子回家，就到石虎门去找，但是怎么找也找不到，只听见石虎门内有吱吱嘎嘎的车水声。

几天后，那个江西人又来到桥边，看到石磙不在了，一打听，才知道农夫父子俩去撞石虎门，到此时没有回来。江西人跺脚说道："这农夫不明白其中的奥妙，洞中虽然有金车银轴，但平时却有猛虎看守，要在月半夜的月圆天去撞门才不会出事，事到如今是自己害了自己，再也没救了。"说完，就离开石桥向远方走去。

牛槽路

在香山东北和镇山交界处有一条山路，只能容一人一骑通过，当地人称牛槽路。

相传很久以前，有两个江西人在江南一带觅宝。一日，经过江阴周庄的伞墩湖，见湖面上不断有浮泡冒出。俗话说江西人识宝，他们从气泡的特征识别出湖中定有犀牛，虽明知犀牛是宝，但一时又没有办法把它引出来。

到了晌午，烈日当空。江西人来到不远处的小石桥下，一边纳凉，一边商量捉犀牛的办法，无意间发现桥洞里刻着两排字："若要犀牛出湖，除非烟囱芦苇；要捉犀牛，必用黄豆。"江西人顿时明白捉犀牛的方法了。可转而一想，芦苇是水生植物，烟囱里怎么会有芦苇呢？这分明是糊弄人的。

正在疑惑之际，无意间向四周望了望，忽见东南角上一农家屋顶上的烟囱里冒出一棵青秀翠绿的芦苇，江西人不禁喜出望外，随即来到那农家，愿以 50 两白银的高价，买下这根芦苇。那家主人见两个江西人竟肯出如此高价买一根无用的芦苇，便探问何用。江西人支吾搪塞，不愿说出实情，那家主人坚持“不说实话不卖”，无奈之下江西人只能一一以实相告，并介绍说：“犀牛是宝贝，其身光滑无毛，力大无穷，一只角长在鼻头上，只要捉到驯服，用它耕田，日耕千亩夜耕八百。其乳可饮，小孩吃了容易长大，大人吃了力气倍增。”说完又表示，只要肯将芦苇卖给他们，捉住犀牛后愿平分其价。那家主人听说犀牛有如此大用，随即改口说：“不卖不卖！”并谎称犀牛是他家所养，要求江西人不要有非分之想，请他们赶快离开。

江西人一走，那人就爬梯将烟囱里的芦苇拔了出来，叫来全家大小到伞墩湖中去钓犀牛。芦苇一接触湖水，犀牛立即跃出水面抢吃芦苇。那人赶紧将芦苇缩回岸上，犀牛又跃到岸上。那人从未见过这样的牛，心里一吓，脚里一滑，跌倒在地。等他爬起来一看，手里的芦苇早已被犀牛吃掉。那人急忙大喊：“快捉住它！”全家人举着木棍马上围拢来。犀牛惊慌失措，夺路向北逃去。全家拼命追赶，犀牛拼命逃窜，逃到香山和镇山交界处，因两山相连，眼看无路可逃，后面的追牛人大喊：“捉牛，它逃不掉啦！”犀牛一急，跃起四蹄直向山界冲去，竟撞出一个口子。香山、镇山之北当时还是一片汪洋大海，犀牛撞开山路逃到海里就不见了，这条冲出来的山口子便成了一条路，叫作牛槽路。

过了几天，江西人又到伞墩湖，见湖中已没有气泡，也不见芦苇，就去向那人打听烟囱芦苇与犀牛之事。那人将如何捉犀牛的经过一五一十地讲了一遍。江西人顿足叹道：“可惜，可惜！你不看小桥洞上写得明明白白：要捉犀牛，必用黄豆。你要用八石八斗八升的黄豆，铺一里零八步路，犀牛逃跑时踩到黄豆，容易滑倒，就能捉住驯养。你没用黄豆铺路，如何捉得犀牛！”那人听了目瞪口呆，懊悔莫及。1986 年改造张杨公路时，牛槽路建成了宽阔的公路。

鹿女湖的传说

鹿女湖，位于香山之巅，湖面呈椭圆形，大约六百平方米，湖水清澈见底。来到湖边，只见湖中倒影，碧池映天，水光山色，犹如进入一幅山水画中。

关于这鹿女湖，有一段动人的传说。相传宋朝之前，鹿女湖名香山湖。一天，一个道士看到这里景色迷人，就在这里搭了一座草房。他在这里天天弹琴，琴声引来了许多鹿，琴声一停，那些鹿就一哄而散，但只有一只鹿还是站在那里望着道士。这样，慢慢地道士就和那只鹿成了好朋友。一天，那只鹿叼来了一个女婴，道士就收下了女婴。因为女婴是鹿叼来的，所以取名为鹿女。一晃十八年过去，鹿女长成了大姑娘，非常美丽。鹿女的美丽传到了皇上的耳朵里，皇上就派士兵来抓鹿女进宫。鹿女不愿离开道士，但又无法反抗，就假装答应跟士兵进宫，并说要到香山湖沐浴，梳洗打扮一番。鹿女来到湖边却投湖自尽了。后来，人们为了纪念鹿女，便把香山湖改名为鹿女湖了。

南沙瞿拳鼻祖瞿良辰

瞿良辰，又名瞿友三，是南沙瞿拳的鼻祖。少年时，瞿良辰在邢庄拳场拳练就一身扎实的功底。村东北长江沙滩上的郁氏为占有瞿氏拥有的芦滩地，外请渤海派张拳师来护滩做保镖。瞿良辰叔父虽为邢庄拳场拳师，膂力过人，但武艺不如渤海张拳师高强，只能眼睁睁看着瞿氏的芦滩被郁氏霸占。而瞿良辰在地方上虽有名气，但轻功、气功还未入门。叔父要他去河南嵩山学习，提高武艺，以图艺成后回家夺魁，赶走张拳师，重新夺回芦滩地。

清嘉庆十三年（1808）瞿良辰到嵩山少林寺，先从火头僧做起，学得一身好武艺。武艺学成后，于第八年年初，瞿良辰向方丈提出要回家省亲。方丈深知瞿良辰的意图，同意他下山。但按照少林寺的规矩，俗家弟子学艺后需得考试合格才能下山，学艺一年须闯过一道关门。瞿良辰学艺七年，必须闯过七道关门才能下山。每道门内均设暗器，师兄弟们都为良辰捏把冷汗。

闯关那日上午，师兄弟们早早地来到寺内第一道关门。良辰换上一身打拳的衣襟，腰带一束，手提一把烧火大叉，上下、前后、左右舞动，连闯六道关门。此时他已汗流浃背，但依旧精神振奋。抵第七道关门时，已近午时，瞿良辰稍作准备即向关门冲去，至门边时，朝里一看，不觉大吃一惊。原来，关门内挂满了大沙袋，按七十二地煞的金刚八卦阵图布阵。瞿良辰勒紧腰带，吸气运功，身形一矮，左右开弓，先将两个“门卫”（即沙袋）击退，而后踏罡步，入生门，出手如雷击，让档赟蛟龙。过巽门时，看见沙袋大如牛，瞿良辰咬紧牙关，运足力气，发吼一声，用“弓步一支炮”之术，一阵猛冲猛打，闪电般地跪拜在方丈膝下。方丈吩咐验关，众僧一一回禀。当七道关门的武僧回禀方丈“七十二地煞金刚阵主门的沙袋无一完整”时，方丈哈哈大笑道：“要破这七道关门者，寺中不满十人，良辰能一气冲毕，亦数第一流高手，少林真传，吾嫡系矣，真乃吾佛之大幸！”便吩咐给瞿良辰看座，然后共进午餐。宴毕，瞿良辰再拜方丈、执事、武神师和师兄弟们，含泪下山。

瞿良辰到家，打败了张拳师，收回了属于瞿氏的长江芦滩地，从此邢庄改为瞿家巷。他又在瞿家巷设立拳场，收徒习武，保家护村。

天妃庙的传说

在金港镇东北德积思贤港北侧，有一座气势雄伟的庙宇，取名“天妃庙”。提起这座庙的来历，民间还流传着一段动人的传说。

原来德积境内是明朝末期形成的沙地，地势比较低，沿江一带常受潮位和洪水影响，往往地面低水位高，一到夏天雨季和台风季节，汹涌的潮水常常漫过堤岸，淹没农舍和庄稼。每年的汛期，沿江和思贤港两岸的村民总要带着钉耙、畚箕、草包和树桩，在险要地段看潮防汛，随时准备堵漏护堤。

清道光初年，一个盛夏的傍晚，村民在思贤港岸边乘凉聊天，看见上游漂来一个人头样的东西，捞起一看，原来是一尊木雕女菩萨的头。在场的村民私下议论纷纷，不解何意。这时，有位长者说：“这尊木雕可能是玉皇大帝小娘子的头，是玉帝派来保佑我们免受水淹的。”接着又有人说：“这尊木雕来历不寻常，我们既然捞上来了，就不能扔掉。”这时有人建议：“那我们建个庙，把她供奉起来吧。”于是，大家凑足份子，在河的北岸建了三间朝东庙屋，请艺人塑造女菩萨头部以下部分，形成一个完整的菩萨神像，并供奉于庙屋正中，两旁增设了小佛像。因为女菩萨像传说是天宫中的妃子，人们就将庙取名“天妃庙”。从此，一年四季，村民安居乐业，庙内香火旺盛，前来庙中烧香跪拜者络绎不绝。1857 年，当地有一鞠姓村民在庙前栽种了一棵银杏树。

1928 年，境内豪绅陈飏初筹款重建天妃庙，兴办“洋学堂”。新庙坐北朝南，正殿三间供佛像，两端各有一间与正殿等高的楼房，作办公室和宿舍；东西两侧各有二间带门廊的厢房作教室，取名“天妃庙小学”。1967 年，拆除庙屋，扩建成小学。20 世纪 60 年代末至 70 年代初，部分村民听信传言，摘银杏树叶、剥树皮煎汤治疗皮肤奇痒，有的还在树根处焚香化纸。没有几年，树就渐渐枯萎，只剩下 7 ~ 8 米高的腐朽树干。

著述书目

志书书目

金港镇志书书目一览表

表 4

名称	编著者	出版社	出版时间	类别
《港区镇志》	江苏省张家港市港区镇志编纂委员会	方志出版社	2001	镇志
《德积镇志》	《德积镇志》编纂委员会	广陵书社	2014	镇志

香山文化丛书书目

香山文化丛书书目一览表

表 5

名称	编著者	出版社	出版时间
《香山揽胜》	张家港市政协文史委员会、张家港市南沙镇人民政府	新华出版社	1994
《江南香山》	张家港市政协金港镇工作委员会、张家港市政协文史委员会	方志出版社	2013
《香山韵》	任文浩等	凤凰出版社	2009
《香山故事》	许剑波	作家出版社	2011
《香山游记》	许剑波	作家出版社	2011
《香山墨影》	许剑波	作家出版社	2011
《张家港市第一位共产党员——孙逊群》	中共金港镇委员会、张家港市新四军暨沙洲革命根据地研究会	中共党史出版社	2013
《茅学勤》	中共金港镇委员会、张家港市新四军暨沙洲革命根据地研究会	中共党史出版社	2013
《跨越》	张家港保税区发展研究课题组	当代中国出版社	2012
《金港影像》	中共张家港市委宣传部、张家港市档案局、中共金港镇委员会	中国文联出版社	2015
《长江星辰》	傅宁军	江苏人民出版社	2015
《长江星辰》	长江村	凤凰出版社	2015

个人著作书目

金港镇个人著作一览表

表 6

作者	作品名称	时代
吴永福	《念劬文稿》《京华集》《东园诗草》	清
吴　斌	《梅轩公诗文集》	清
邓养初	《临证心得录》《增评柳选四家医案》	现代
郁咏唐	《惜阴轩诗草》	现代
殷　铬	《战地》《前线日报·战地》《东线文艺》	现代
郁祖同	《易进算术》《易进三角》《易进平面几何》《易进代数》《因式分解及应用》《整式和分式》	现代
张全复	《胸腔外科与护理》《低温心脏直观手术》《预激综合症》《心脏外科》	当代
缪端生	《鸟类讲话》《动物生理学》《生物学研究论文集》《生物实验法》《高中生物学》《昆虫学通论》	当代
瞿芑丰	《幽草集》《晚晴楼回忆录》	当代
蔡文浩	《讲道集》《赞美诗（新编）》	当代
王　箴	《化学世界》《化学汇解》《化学初步》《大学普通化学》《化工词典》	当代
向应华	《美国证券投资保证》	当代
蒋佩芬	《起来，与我同去》《信仰与事奉》	当代
吴中伟	《补偿收缩混凝土》《膨胀混凝土》《水泥基复合材料导论》	当代
孙育才	《单片微型计算机应用系统设计与实现》《MCS-51 单片微型计算机原理、接口技术、应用实例》	当代
陈欣方	《高分子反应统计理论》	当代
陈循介	《数控机床实用手册》	当代
孙桂初	《铁路冷藏运输》《冷藏运输研究文选》《冷藏运输工作》《空气离子防腐保鲜文集》	当代
严维桢	《空降兵战斗条令》《空降兵训练大纲》	当代
丁关庆	《助您健康长寿》	当代
陆凤翔	《超声心动图入门》《诊断学基础》《临床超声诊断学》《临床实用医药手册》《实习医师手册》《实用心血管病诊疗指南》《超声读片指南》《实用临床内科鉴别诊断》《内科临床处方手册》《内科学》《实用内科诊疗规范》	当代
顾建平	《伪经制造者》	当代
丁品森	《学海轻舟》（哈尔滨出版社 1991 年版）、《书海觅宝法》（宁夏人民出版社 1993 年版）、《书海觅宝法（续编）》（宁夏人民出版社 1994 年版）、《学子佳作细品味》（青海文化出版社 1996 年版）、《中学常用文体写作》（陕西人民教育出版社 1998 年版）、《读书故事和读书方法》（北岳文艺出版社 2003 年版）、《名篇管窥》（作家出版社 2011 年版）、《解开你的重重心结》（华龄出版社 2005 年版）、《子女心结解有方》（华龄出版社 2006 年版）、《不要拒绝泥泞的路》（华龄出版社 2007 年版）、《青少年心灵日光浴》（华龄出版社 2009 年版）、《青少年心灵氧吧》（华龄出版社 2011 年版）、《青少年心灵港湾》（华龄出版社 2013 年版）、《青少年心灵加油站》（华龄出版社 2014 年版）、《青少年心灵芳草地》（华龄出版社 2015 年版）、《乐为写匠》（华龄出版社 2015 年版）、《桑青柳绿》（主编）（大象出版社 2000 年版）	当代

续表 6

作者	作品名称	时代
孙海航	《话说“沙上”》（安徽人民出版社 2006 年版）、《塍上漫笔》（中国文联出版社 2008 年版）、《塍园桃林》（中国文联出版社 2002 年版）	当代
冯春法	《中学生作文指导》（哈尔滨出版社 1990 年版）、《生活的浪花》（中国戏剧出版社 2001 年版）、《春华秋实》（作家出版社 2004 年版）、《映日荷红》（中国文联出版社 2002 年版）、《寒梅香浓》（人民日报出版社 2006 年版）、《回眸》（中国文联出版社 2009 年版）、《青葱岁月》（凤凰出版社 2014 年版）	当代
蔡建良	《我在乡镇工作 36 年》（凤凰出版社 2012 年版）	当代
曹国庆	《天天成语读写本》（主编）（内蒙古人民出版社 2001 年版）、《高中语文阅读精选》（主编）（内蒙古人民出版社 2001 年版）、《青春的书签》（凤凰出版社 2010 年版）、《11 点 17 分的阳光》（中国戏剧出版社 2011 年版）	当代
徐　玲	《给孩子最好的教育》（江苏人民出版社 2001 年版）、《神奇小子汤吉儿》3 部（云南人民出版社 2005 年版）、《神奇小子超级酷》3 部（晨光出版社 2007 年版）、《“厚脸皮”女生蒋小雨》3 部（海燕出版社 2008 年版）、《塌鼻头女孩米拉多》3 部（人民文学出版社 2008 年版）、《我的红狐狸妹妹》（未来出版社 2008 年）、《流动的花朵》（希望出版社 2008 年版）、《优质女生孟小梦》4 部（海燕出版社 2009 年版）、《403 的俏 MM》4 部（希望出版社 2010 年）、《酷炫课堂》5 部（希望出版社 2010 年版）、《海豚 2 号》3 部（希望出版社 2012 年版）、《我会好好爱你》（中国少年儿童出版社 2012 年版）、《我的狼妈妈》（希望出版社 2012 年版）、《我的红狐狸妹妹》（希望出版社 2012 年版）、《天下无妖之唐僧的私密日记》（希望出版社 2012 年版）、《将来我要做本地人》（新世纪出版社 2012 年版）、《我和老爸的战争》（中国少年儿童出版社 2013 年版）、《桑桃的村庄》（希望出版社 2013 年）、《我想和你在一起》（中国少年儿童出版社 2014 年版）、《等你在千里之外》（浙江少年儿童出版社 2014 年版）、《我要努力去长大》（浙江少儿出版社 2014 年版）、《亲爱的白羊座》（少年儿童出版社 2014 年版）、《最接近天堂的地方》（少年儿童出版社 2014 年版）、《我的爱系列校园小说》4 册（浙江少年儿童出版社 2014 年版）、《全世界请原谅我》（中国少年儿童出版社 2015 年版）、《小学生轻阅读名家精选》（南京大学出版社 2015 年版）、《糖果校园》系列小说 8 册（河北少年儿童出版社 2015 年版）、《神秘校车》系列 3 册（春风文艺出版社 2015 年版）、《超萌女生》系列小说 6 册（浙江少年儿童出版社 2015 年版）、《隔壁班的小忽忽 1》（万卷出版公司 2015 年版）、《至爱亲情》系列 3 册（浙江大学出版社 2015 年版）、《现在是女生时间》1—4 册（浙江大学出版社 2015 年版）	当代
宋浩浩	《山河寂寥》（江苏文艺出版社 2002 年出版）、《漂移的恋爱》（湖南文艺出版社 2004 年出版）、《故国行吟》（作家出版社 2006 年出版）、《山长水阔知何处》（上海文艺出版社 2007 年出版）、《双山》（长征出版社 2009 年出版）	当代
卢思浩	《想太多》（凤凰出版社 2011 年版）、《你要去相信，没有到不了的明天》（湖南文艺出版社 2013 年版）、《愿有人陪你颠沛流离》（湖南文艺出版社 2014 年版）、《离开前请叫醒我》（湖南文艺出版社 2015 年版）	当代

宗谱书目

金港镇宗谱一览表

表 7

宗谱名称	祠堂名称	始修时间	重修时间	保存情况
《延陵吴氏宗谱》	让德堂	649	1914	完好
《延陵吴氏宗谱》	让德堂	649	1948	完好
《陆氏宗谱》	世德堂	715	1936	完好
《陶城卞氏宗谱》	忠孝堂	982	1950	完好
《砂山王氏宗谱》	王槐堂	982	1945	完好
《江苏江阴卞氏宗谱》	忠孝堂	982	1908	完好
《朱氏宗谱》	世德堂	982	1877	残本
《苏氏宗谱》	佩玉堂	982	2001	完好
《暨阳李氏宗谱》	崇礼堂	1127	2008	完好
《暨阳香麓殷氏宗谱》	—	1127	1919	完好
《杜园陈氏家谱》	萃星堂	1135	1916	完好
《顾氏宗谱》	五侯家本	1159	1874	残本
《江阴云亭杜园陈氏宗谱》	—	1172	2000	完好
《杜园陈氏宗谱》	—	宋	2003	完好
《香山郁氏宗谱》	念祖堂	1301	1947	完好
《绮山徐氏宗谱》	存义堂	1328	1947	完好
《梁溪倪氏宗谱》	—	1357	1914	残本
《潘氏宗谱》	厚积堂	1374	—	完好
《石桥赵氏宗谱》	—	1397	1947	完好
《江阴许氏支谱》	崇德堂	1412	1944	完好
《许氏西田支谱》	凝秀堂	1412	1947	完好
《澄江郭氏宗谱》	真率堂	1427	2005	完好
《袁氏宗谱》	敦本堂	1454	1944	完好
《蔡氏宗谱》	九贤堂	1465	1919	完好
《暨阳沙氏宗谱》	诒福堂	1491	1918	完好
《冯氏宗谱》	大树堂	1523	1948	完好
《邬氏宗谱》	—	1546	2005	完好
《暨阳刘氏宗谱》	五忠堂	1592	1947	完好
《澄江瞿氏宗谱》	三立堂	1593	2010	完好
《蓉江香麓张氏宗谱》	孝友堂	1637	1926	完好

续表 7

宗谱名称	祠堂名称	始修时间	重修时间	保存情况
《毗陵江邑太平桥唐氏宗谱》	—	1652	1947	完好
《江阴缴墩曹氏宗谱》	墩本堂	1669	2002	完好
《严氏宗谱》	敦伦堂	1687	2001	完好
《大桥张氏宗谱》	培川堂	1698	1926	完好
《东江张氏宗谱》	寿康堂	1698	2015	完好
《蔡港徐氏支谱》	留荫堂	1703	1892	完好
《澄江大石桥龚氏宗谱》	四本堂	1708	1936	完好
《苏氏宗谱》	佩玉堂	1745	1994	完好
《卢氏宗谱》	崇本堂	1765	1943	完好
《大桥陈氏宗谱》	崇本堂	1794	1949	完好
《沙洲丁氏宗谱》	双桂堂	1837	2000	完好
《沈氏宗谱》	复初堂	1856	1947	完好
《余氏宗谱》	—	1868	1997	完好
《龙氏宗谱》	—	1896	1943	完好
《后塍徐氏宗谱》	德劭堂	1905	2005	完好
《澄江刘氏宗谱》	喜余堂	1906	—	残本
《顾氏宗谱》	忠贞堂	—	1919	完好
《江苏省大桥张氏宗谱》	培川堂	1926	2012	完好
《江阴向氏支谱》	大耐堂	—	1931	完好
《香山蒋氏宗谱》	三径堂	—	1942	完好
《澄江孙氏宗谱》	余庆堂	1943	2014	完好
《香山胡氏宗谱》	荣寿堂	—	1946	残本
《陶城季氏宗谱》	叙伦堂	—	1946	完好
《亭子张氏宗谱》	草圣堂	—	1947	完好
《玉祁唐氏宗谱》	—	—	1947	完好
《勃海群季氏家谱文华公支谱》	习礼堂	—	1998	完好
《严氏宗谱》	富春堂	—	2010	完好
《张氏宗谱》	光裕堂	—	—	完好
《陈氏宗谱》	萃星堂	—	—	完好
《唐氏宗谱》	悟封堂	—	—	完好
《金城章氏宗谱》	—	—	1949	完好

保税区（金港镇）第三届香山山地短程马拉松挑战赛开幕式（2018 年）　　苏栋汇　摄

大事纪略

想不到那条小小的张家港河，竟成为张家港市冠名的由来；中国人民解放军横渡长江，境内双山岛、巫山港成为最东线战场，金港的黎明从此开始；伦敦赛场上金港帅小伙陆浩杰的奋力一举，也把金港这个举重之乡举上了世界奥运的舞台，小小南沙，一举成名；从张家港保税区的成立到“区镇合一”管理体制的实施，金港走上了更为广阔的改革开放之路；长江村星让长江名花永远绽放在浩瀚的星空。

无论多少年过去，这样的一些往事，总会在金港这片历史的时空里，熠熠生辉。

万历年间张南山疏浚张家港

明嘉靖年间（1522—1566），张南山渡过长江考察耕种。他见香山地区虽逼近长江，村庄寥落，但地势颇有山滩旺气，可谓是有山有水，可牧可渔的好地方。尤其是山之北麓正在积涨大片沙田，有待人们围垦耕作，是安家落户、开创家业的理想之地。经他的亲家翁、邱家埭的村民邱岐山竭力劝荐，于万历二十三年（1595），55岁的张南山与弟弟侍山一起携带家小，从苏北靖江来到香山北麓，开始艰苦的创业生涯。

张氏先托友人高怀溪为中介，买下金山小圩、严桥大圩的租田1.07公顷，又经邱岐山介绍，买下徐湘圩租田0.2公顷和顶岸一方，然后挑土筑基，建造草房三间，作为繁衍生息的基地。经过两代人的辛勤耕作，张氏家业逐渐扩大，建造房屋几十间，围垦沙田近百公顷，张氏聚居之地，取名“张家埭”。

张氏在劳动中深深感悟到，要确保近百公顷圩田得到好收成，就必须开挖渠道，疏通排灌。而在张氏围垦的农田中，靠得最近的是村旁的那条流漕。流漕虽小，却通长江。如果将流漕拓宽加深，可以引水灌溉，排泄洪涝。万历二十五年（1597），张南山带领张氏合族子孙开始了疏浚村旁流漕的工程。起先是张氏一族的人疏浚，后来居住在流漕周边其他姓氏的农民也参与进来一起疏浚。这样，年复一年，多次疏浚，昔日的流漕一年年地变宽加深，成为小河道。

清康熙初年，江阴县衙组织民工对小河道进行疏浚，使之成为香山北麓到长江之间一条通江河道。鉴于首先定居河边并实施开挖工程的是张氏一族，河边又有张氏聚居的村庄张家埭，清康熙三年（1664）江阴县将此河道正式命名为张家港，并在江阴沙田局登记注册。

1949年双山岛、巫山港成为渡江战役最东线战场

1949年4月21日，中国人民解放军百万雄师横渡长江，在西起九江，东至双山、巫山的千里战线上，解放江南。境内双山岛、巫山港是人民解放军渡江战役的最东线战场。

国民党军把双山岛作为阻挡解放军渡江的江中堡垒，由原来的3个排增加到2个营防守。21日夜，人民解放军第二十九军八十五师二五三团突击连的战士，趁着夜幕直扑双山岛，突破敌人的滩头阵地，占领双山岛北面江堤，乘胜追击，与国民党军展开激战，歼50余人，俘100多人，1949年4月22日黎明，解放双山岛。

负责攻占巫山港的是中国人民解放军第八十五师二五五团第一营。由于该营战士所乘船只大小不一，船速快慢不同，加上月黑风高，快到南岸时，各船之间失去联系。至凌晨3点，只有不同建制的4个排抵达巫山港，且无人指挥。这时，一营一连连长高龙宝挺身而出，指挥并带领战士冲上滩头阵地，拿下了敌人2座碉堡，击退了东西两侧反扑的国民党军。战斗中，高龙宝的一块头皮被弹片削去，他顾不上包扎，指挥战士与敌激战，打开了后续部队的登陆通道。

在渡江作战中，参战的船工有百余人，他们除了先期到江北为部队传授驾船技术、讲述南岸地形外，还直接驾船运送解放军渡江。中兴乡的航船好手詹留金驾船把第二十九军军长胡炳云、政委张藩等军部首长安全运送到长江南岸。中兴乡中圩里的沈满生，德积乡的王尚富、顾桂郎往返7次运送解放军过江。双山沙地下党员顾汉林渡江时腿部中弹，负伤驾船运送解放军。

1992 年张家港保税区成立

1990 年 12 月 20 日，中共中央、国务院做出开发开放上海浦东的重大决策，同年 6 月，又做出进一步开放长江沿岸城市的决策。1991 年 7 月，张家港市委、市政府为适应这一新形势，加速同上海浦东开发接轨，充分发挥张家港的地理优势、港口优势和全市工业经济、外向型经济发展较快的优势，申请设立张家港保税区。

1991 年 7 月 30 日，张家港市政府向苏州市政府和江苏省政府呈送《关于建议建立江苏省张家港保税区的请示》。8 月 1 日，苏州市政府呈文江苏省政府《关于建立江苏省张家港保税区的请示》。1992 年，国务院特区办公室、政策研究室的负责人往返北京和张家港，作实地调研和科学论证。

1992 年 5—7 月，张家港保税区起步区 2 平方千米的拆迁任务完成。1992 年 7 月，张家港保税区指挥部组织 10 个施工队、2500 余人突击施工，25 天完成 8 千米长的铁丝网隔离带工程。1992 年 8—10 月，张家港保税区起步区的“五通一平”（通电、通路、

江苏省张家港保税区成立大会（1992 年） 徐婷 提供

通信、通供水、通排水和土地平整）基本完工。期间，新建通往张家港保税区的专用公路中华路，专供保税区使用的自来水厂、变电所等。张家港保税区内，全长2千米、宽40米的十字形主干道和全长3千米、宽24米的支干道相连。1992年10月16日，国务院批准设立张家港保税区。1992年12月20日，江苏省政府在张家港市召开张家港保税区成立大会。

张家港保税区揭牌（1992年） 徐婷 提供

南沙举重学校成为培养举重人才的基地

南沙举重学校位于金港镇香山风景区东侧。1979年，凭借南沙人民爱好举重的群众基础，创办了南沙中学举重队。1995年2月，经张家港市体育运动委员会和张家港市教育局批准，成立南沙举重学校。1995年7月，时任国际奥委会副主席的何振梁、国家体委主任伍绍祖先后视察南沙举重学校。何振梁为南沙举重学校题词“举重之乡”。2012年9月，江苏省举重运动管理中心、江苏省举重协会将“江苏省举重训练基地”的牌匾授予南沙举重学校。2012年10月，国家体育总局举摔柔管理中心将“举重国家级体育后备人才基地”牌匾授予南沙举重学校。

截至2015年年末，南沙举重学校培养的举重运动员，在省、全国、亚洲、世界级举重比赛中共获奖牌438枚，其中世界金牌11枚、世界银牌7枚、亚洲金牌6枚、全国金牌36枚、全国银牌27枚、全国铜牌17枚。在2012年伦敦奥运会上，南沙举重学校的运动员陆浩杰获得77公斤级举重比赛银牌。南沙举重学校在各项比赛中多次破纪录，其中

举重训练中心（2013 年） 潘建伟 提供

破世界举重纪录 3 次，破世界青年举重纪录 2 次，破全国少年举重纪录 5 次。该校培养的运动员，10 人获举重“国家运动健将”称号。吴斌、冯明、刘海华、管新蕾、陈玲、陆浩杰、谢伟 7 人入选国家举重队。学校先后获得“张家港市体育工作先进集体”“苏州市业余训练先进集体”“省运会突出贡献学校”“全国群众体育先进集体”等殊荣。

2008 年张家港保税区、金港镇实现“区镇合一”管理体制

2008 年 9 月，为充分发挥张家港保税区和金港镇的各自优势，加快资源整合，保税区与邻近的金港镇在“六个统一”的原则下实现“区镇合一”管理体制。

张家港“六个统一”的内容包括：统一审批权限，在市级机关行政主管部门充分授权下，由张家港保税区扎口负责区域内经济社会发展、城镇规划建设等审批工作；统一规划建设，由张家港保税区负责区域内城镇建设和工业布局的总体规划；统一经济发展，由张家港保税区统一负责区域内的招商引资和企业服务、管理等工作；统一财政结算，由张家港保税区统一负责区、镇财政的预决算；统一组织人事管理，由张家港保税区统一负责区、镇的组织人事工作；统一社会公共事务管理，由金港镇统一负责区域内的社会公共事务管理等工作。

区镇合一，有利于拓展发展空间，做大做强临江经济板块；有利于区镇统一规划，加快建设新港区；有利于区镇协调配合，提高行政效能；有利于提升园区实力，进一步带动大金港经济发展，成为名副其实的张家港市城市副中心。区镇合一后，张家港保税区发展空间拓展到了131.62平方千米，资源利用日益扩大，综合实力不断增强，城乡建设加快推进，民生水平显著提升。区镇在规划统筹、项目建设、城市开发、行政效能等方面都取得了明显成效，形成资源共享、优势互补、协同共进的良好态势。

2008年张家港保税港区成立

2005年，全国出口加工区工作会议召开。会上提出“要对各特殊监管区域和场所进行功能整合”。在这样的背景下，2008年11月，经国务院批准，张家港保税区整合张家港保税物流园区，升级为张家港保税港区。这是中国当时唯一的县域口岸保税港区，也是江苏省及长江中下游沿线第一个保税港区。

张家港保税港区（一期）封关运作（2010年） 顾飞 提供

保税港区具有保税区、保税物流园区、出口加工区、张家港港区的功能政策。服务功能拓展为仓储物流、对外贸易、国际采购、国际中转、国际配送、商品展示、检测和售后服务维修，研发、加工、制造和港口作业等九项。政策优势表现为：保税港区实行境外货物入区保税、国内货物入区退税、区内自用设备进口免税、区内货物交易免征增值税和消费税的“保、退、免三税”政策。与保税区相比，保税港区实行“区港合一”，由一个海关统一监管，企业享受便捷的进出口手续，优惠的保税政策、宽松的贸易管制和简便的业务手续。与出口加工区相比，保税港区具有物流分拨和港口功能，使其与境内外、区内外经济联系更加紧密。与保税物流园区相比，保税港区叠加出口加工业务，使其更具临港加工制造优势。保税港区是中国开放度高、政策优惠、功能齐全、通关便捷的海关特殊监管区，是自由港模式在中国的特殊表现形式。

2009 年长江村星成为首个以村名命名的小行星

长江村位于江苏省张家港市金港镇，曾是长江边上一个贫穷的小渔村。经过 30 年的艰苦创业，长江村已建设成为经济发达、社会和谐、环境优美、充满活力的社会主义新农村，成为长江三角洲的一个窗口，向海内外展示了中国农村改革开放的新面貌，被中宣部誉为“长江名花”。

2008 年，长江村从中国科学院紫金山天文台获悉小行星命名的规则，向中国科学院紫金山天文台提出以“长江村”来命名小行星的申请。根据国际惯例，一颗新的小行星发现后，必须经过 3 次以上不同冲日年代的观测证实，并计算出精确轨道参数，才能获得国际正式编号，取得命名权。2008 年 5 月 20 日，中国科学院紫金山天文台向国际小行星命名委员会申报长江村星。2009 年 7 月 23 日，由中国科学院紫金山天文台发现的国际编号为 5384 号的小行星，经国际小行星命名委员会批准，正式命名为长江村星，这是国际小行星命名史上第一颗以村名命名的小行星。

主要参考文献

〔明〕赵锦修、张衮纂：嘉靖《江阴县志》，上海古籍书店，1963 年。

缪荃孙纂：民国《江阴近事录》，成文出版社有限公司，1970 年。

〔清〕陈延恩等修、李兆洛等纂：道光《江阴县志》，成文出版社有限公司，1983 年。

〔清〕卢思诚等修、季念贻等纂：光绪《江阴县志》，成文出版社有限公司，1983 年。

陈思修、缪荃孙纂：民国《江阴县续志》，江苏古籍出版社，1991 年。

张家港市地方志办公室、张家港市乡镇工业局编:《张家港市乡镇工业志》，上海人民出版社，1990 年。

江阴市地方志编纂委员会编:《江阴市志》，上海人民出版社，1992 年。

张家港市地方志编纂委员会办公室编:《沙洲县志》，江苏人民出版社，1992 年。

张家港市政协文史委员会、张家港市南沙镇人民政府编:《香山揽胜》，新华出版社，1994 年。

中共张家港市委党史地方志办公室编:《历史的回声——张家港市党史专题集（1962—2000）》，中央文献出版社，2001 年。

顾季慈辑、谢鼎镕补辑:《江上诗钞》，上海古籍出版社，2003 年。

中共张家港市委党史地方志办公室著:《中共张家港（沙洲）地方史（1919—1949）》，中共党史出版社，2005 年。

中共张家港市委党史地方志办公室著:《辉煌二十年（1986—2005）》，中共党史出版社，2006 年。

中共张家港市委党史地方志办公室著:《张家港市地名志》，方志出版社，2007 年。

徐祖白著:《张家港史话》，广陵书社，2008 年。

梁一波主编:《张家港揽胜》，凤凰出版社，2008 年。

薛仲良主编:《江上诗钞》，广陵书社，2009 年。

江苏省张家港市港区镇志编纂委员会编:《港区镇志》，方志出版社，2001 年。

《张家港》课题组著:《张家港》，当代中国出版社，2010 年。

许剑波主编:《香山故事》，作家出版社，2011 年。

中共张家港市委党史地方志办公室编:《红色印记：张家港市革命遗址遗迹巡礼》，中共党史出版社，2011 年。

张家港保税区发展研究课题组著:《跨越：张家港保税发展二十年（1992—2012）》，当代中国出版社，2012 年。

张家港市政协金港镇工作委员会、张家港市政协文史委员会编:《江南香山》，方志出版社，2013 年。

张家港市委党史地方志办公室编:《张家港年鉴》，方志出版社，1996—2016 年。

张家港市地方志编纂委员会编:《张家港市志（1986—2005）》，方志出版社，2013 年。

中共张家港市金港镇委员会、张家港市新四军暨沙洲革命根据地研究会编:《张家港市第一位共产党员——孙逊群》，中共党史出版社，2013 年。

《德积镇志》编纂委员会编:《德积镇志》，广陵书社，2014 年。

傅宁军著:《长江星辰》，江苏人民出版社，2015 年。

黄惠珍主编:《金港影像》，中国文联出版社，2015 年。

编纂始末

2015年10月，江苏省张家港市张家港保税区（金港镇）成立金港镇志编纂委员会，组建编纂小组，制定工作方案，落实经费保障。经过两年多的辛勤努力，《中国名镇志丛书·金港镇志》终飨读者。

在编纂过程中，我们主要做了以下工作：一是制定纲目。编纂伊始，全体编纂人员对纲目设置反复研讨，各抒己见，根据张家港保税区（金港镇）是经济强镇这一特点，把重点放在张家港保税区、张家港港、香山国家AAAA级旅游景区三大块内容上。在突出“名”和“特”的编录原则之下，纵观金港镇情，从而确立编纂纲目。2015年11月和2016年4月，苏州市地方志办公室、张家港市委史志办对《中国名镇志丛书·金港镇志》编纂纲目进行了审阅，提出了宝贵意见。编纂人员对纲目反复调整，使之更臻完善。二是收集资料。我们查阅了有关档案，在千卷万页中“淘金”；我们利用保税区党政办史志办资料多的优势，在书山文海中“觅宝”；我们关注每天出版的《张家港日报》，月月出版的《金港潮》刊物，一旦发现有关内容，如获至宝。我们对原有的市志、镇志、村志有关内容反复比对，去粗取精，弃旧存新，抓住具有传承性的内容，为我所用。对于一些难以找到的资料，特别是2015年的有关数据，我们请有关部门提供。三是走访察看。编纂人员本着实事求是的态度，对于一些不太清楚，需要核实的资料，或找人询问，或现场察看，或拍摄实物。我们询问了“长江三鲜”的捕捉时间和方法，询问了江边芦笋的生长情况和采摘时间；我们观看了香山之巅的名胜古迹，拍录了有关诗词和对联；我们参观了香山烈士陵园、渡江战役登陆纪念碑等，获得了第一手资料，充实了志稿内容。为使《中国名镇志丛书·金港镇志》图文并茂，我们费尽心思，精选图照。四是通力合作。在编写过程中，编纂人员虽然各有分工，专人起草，但分工不分家，遇到疑难问题，大家共同探讨，共同解决。

在编纂过程中，苏州市地方志办公室副主任陈其弟、业务指导处处长傅强、编纂处处长丁瑾以及张家港市委党史地方志办公室副主任汪丽菁、地方志科科长陆正芳、副科长朱永平，对《中国名镇志丛书·金港镇志》的纲目和编写内容进行了仔细审阅，提出了十分中肯的建议；有关部门、单位和个人提供了宝贵的资料；张家港市档案局徐婷、保税区党政办《金港潮》编辑部潘建伟、王佩、季樱、苏栋汇以及张家港市政协金港镇工作委员会刘金坤、张家港港务集团有限公司瞿虹等及时提供许多珍贵图照；范品才、任星海、钱子洋、王佩、苏栋汇等图片作者第一时间提供图片。在此，我们一并致以衷心感谢！另外，因时间仓促，部分图片摄影者无法查考，只标明了提供者，烦请摄影者与张家港保税区党政办史志办联系。

由于水平有限，加上时间紧、任务重、要求高，虽潜心编纂，但缺点错误在所难免，恳请各位读者批评指正。

编　者

2017 年 11 月

张家港保税区（金港镇）第三届香山山地短程马拉松挑战赛（2018 年） 王佩 摄